Johann Karl August Musäus

Grandison der Zweite oder Geschichte des Herrn v. N.

Johann Karl August Musäus

Grandison der Zweite oder Geschichte des Herrn v. N.

ISBN/EAN: 9783743674844

Hergestellt in Europa, USA, Kanada, Australien, Japan

Cover: Foto ©ninafisch / pixelio.de

Weitere Bücher finden Sie auf **www.hansebooks.com**

Grandison der Zweite,

Oder

Geschichte des Herrn v. N***

in Briefen entworfen.

Eisenach,

Verlegts Michael Gottlieb Griesbach, 1760.

Kurze Nachricht

des Herausgebers,

Von den Personen, welche in gegenwärtiger Geschichte vorkommen.

von N. ein alter Edelmann, der von Jugend auf einen Ansatz gehabt hat, ins Wunderbare zu fallen. Sein blasses Gesicht, und eine angenommene Soldatenmine, nebst einem langen und hagern Körper, machen ihn etwas unleidlich. Widersprechen darf ihm keine Seele. In seinem Alter kam er über die Geschichte Sir Carl Grandisons. Es überfiel ihn, diesen Engländer nachzuahmen. Nunmehro kann er nicht geheilet werden.

Fräulein Kunigunde von N. des vorigen Schwester, ein altes Knochengebäude, die weiter kein Leben, als nur noch in der Zunge hat. Sie ist zwar erst 56. Jahr alt; will aber dennoch unverheirathet bleiben, und die Wirthschaft ihres Bruders besorgen.

Baron von F. ein heimlicher Satiricus, und Kunstrichter von dreizehn umliegenden Dörfern. Er hat seinen Scherz mit allen benachbarten Edelleuten: indessen lenkt er manchen von ein paar ausgesuchten Thorheiten ab, und verdienet dadurch den besten Neujahrswunsch seines Herrn Pfarrers.

von S. ein Neveu des Herrn von N. Sonst war er sehr munter. Er soll sich aber in fremden Ländern stark geändert haben. Gegenwärtig ist er in London.

Fräu=

Vorbericht.

Fräulein Amalia von S. des vorigen Schwester. Sie hat alle Tugenden und alle Fehler ihres Bruders, und macht sich mit ihrem Oncle lustig.

Fräulein Juliane von W. die liebenswürdigste und tugendhafteste Person, die ich kenne. Die Ränke ihrer Stiefmutter haben sie etwas gebeugt; sonst würde sie bei jeder Gelegenheit munterer erscheinen.

Herr von W. seiner ersten tugendhaften Gemahlin ihr Tirann, und der zweiten bösen ihr Sclave. Er hat einen vortreflichen Magen und die besten Zähne von der Welt.

Frau von W. des vorigen wilde und mit der ganzen Welt unzufriedene Gattin. Sie hat Muth, und versteht die Kunst, ihre reizende Stieftochter zu martern.

Magister Lampert Wilibald, ordentlicher Lehrer der Hochadlichen Jugend zu Kargfeld. An diesem theuern Rüstzeuge hat die Natur alles gethan, was sie an einem Magister thun konnte, der nicht boshaft widerstrebte. Er ist klein, aber dick, und da ich dieses schreibe, hat er drittehalb geometrische Schuh im Durchmesser. Er versteht die Kunst, einen seltsamen Katzenbuckel zu machen, und damit seinen Gegner, im Disputiren, aus der Fassung zu bringen. Uebrigens leitet er den Geschmack auf dem Hochadlichem Hofe, und schickt sich vollkommen zu seinem Principal.

Magister Wendelin, der Herr Pfarrer zu Kargfeld, ein kreuzbraver Mann. Wenn er das Podagra nicht hat, so ist er ziemlich aufgeräumt, und belustiget sich an

Jungfer Hanchen, seiner Tochter, einem ange-

angenehmen und brauchbaren Mädchen. Magister Lampert hat sie zu seiner Clementine auserſehen, und will sie gern in den Roman ziehen; bekömmt aber wider sein Vermuthen : : : .

Lorenz Lobeſan, ein stöckischer Schulmeister zu Kargfeld. Er wurde gebohren, wie er sagt, da der Türke vor Wien lag. Sein Großvater starb vermöge des damaligen großen Kometens. Ob gleich unser Lorenz dem erbaren Schneiderhandwerke geweihet wurde; so hatte er dennoch erhabenere Absichten, und ein gut Theil Schelmerei in seinem Kopfe. Er lief seinen Eltern davon, und wurde bei dem Vater des Herrn von N. Laquai; welcher ihn endlich zur Belohnung seiner Dienste zum Schulmeister machte. Er führt einen sehr exemplarischen Lebenswandel, und hat von Natur ein casuistisches Gewissen. Der Himmel erhalte unsern Lobesan noch lange!

Jeremias, sonst Peter Wigand genannt, ein alter lustiger Kutscher des Herrn von N. Magister Lampert hat schon verschiedene Jahre an diesem Schlingel gebessert; aber er kann ihn noch nicht recht fassen.

Nicolaus Brumhold, der Barbier zu Kargfeld. Wenn ihn ein Bauer beleidigt, so schiert er den Bösewicht Sonnabends wider den Strich. Er versteht, außer seiner Barbierkunst, die Chirurgie, und thut an Menschen und Vieh trefliche Curen.

Mehr braucht der Leser von keiner Person zu wissen, wenn er den ersten Theil dieser Geschichte lesen will. Magister Lampert würde freilich viele Züge in in diesen Schildereien für falsch erklären, und sich als ein anderer Theophrast folgendergestalt darüber heraus lassen:

Sir Ehrhard Rudolph von N. ist die Blume und Zierde aller deutschen Ritter. Sein Gesicht ist männlich, und dabei doch angenehm. Ob er gleich schon viele Jahre auf dem Buckel hat; so wird er dennoch von einem heroischen Feuer belebt, das Helden eigen ist. Er liebt mich, und andere grundgelehrte Männer, von Herzen, und ist, seit einem halben Jahre, gegen das Frauenzimmer nicht unempfindlich.

Lady Kunigunde von N. ist etwas beißig, und macht ihrem Herrn Bruder und mir, mit abgenöthigten Vertheidigungen, viel Mühe. Glaubte ich die Seelenwanderung; so würde ich behaupten, daß Doctor Eckens seine Seele in die alte Kunigunde gefahren wär.

Baron von F. ist ein wenig superklug, ob er gleich weder Griechisch noch Hebräisch kann. Ich habe ihn ein paarmal zwischen den Sporen gehabt; und seitdem hat er sich nicht mehr an mich gewagt. Außerdem sind wir ganz gute Freunde.

von S. dieser junge Baron hat mir viel zu danken. Ich war sein Mentor, und wußte das natürliche Feuer bei ihm durch verschiedene Kunstgriffe zu mäßigen. In Hebräischen und andern morgenländischen Sprachen, habe ich ihm freilich nicht weit bringen können; doch kann er desto mehr lateinisch. Er schreibt manchmal mit vieler Hochachtung an mich.

Fräulein Amalia von S. ein loses, loses Ding! Sie macht so gar mit mir

ihren

ihren Spaß; aber ich kann nicht böse werden: denn sie ist ein allerliebstes Fräulein; und so war sie schon ehedem, da sie noch meinen Hörsaal besuchte.

Von W. ein guter Mann, und ein guter Christ. Von Sorgen wird er niemals grau werden. Er kann in unserer Grafschaft das meiste essen und trinken, und schläft so lange, bis ihn wieder hungert. Seinen Namen kann er nicht schreiben.

Lady W. eine belebte und muntere Dame. Sie hat ein Maul wie ein Schwerd. Sie erzieht ihre Töchter sehr vernünftig, und ist in allen Dingen so billig und gerecht, wie ein Corpus iuris.

Fräulein Juliane von W. ein stilles gutes Kind: ja, ich würde sie noch mehr loben, wenn sie sich nicht zuweilen ihrer Frau Mama widersetzte.

Sie ist noch jung; ein gesetzter und vernünftiger Mann kann bei ihr noch etwas ausrichten.

Magister Wendelin, Pastor Loci. In seinem Amte ist er ganz wohl zu gebrauchen; in schweren Wissenschaften aber giebt er mir den Vorzug. Ich habe indessen meine Ursachen, wenn ich mit ihm nicht disputire: denn

Jungfer Hannchen ist seine Tochter, und meine Clementine. Ha! ha! ha! O Liebe, wie bezauberst du mich! Tange Chloen semel arrogantem! dulce ridentem Lalagen amabo, dulce loquentem.

Lorenz Lobesan, ein serpentischer Schulmeister. Kein Händel ist er zwar nicht; er kann aber zehn andere Kerls überschreien.

Jere-

Vorbericht.

Jeremias könnte weit besser seyn, wenn er meinen Lehren nachlebte, und den Kutschern in Großbrittannien nachahmte. Mein Commentarius über den Grandison wird meinem Herrn und ihm gute Dienste thun.

So würde Magister Lampert reden, wenn er eine Vorrede schreiben sollte.

Doch, nichts mehr von ihm! In der Geschichte wird er eine Hauptperson spielen, und sich näher zu erkennen geben.

Wir legen der Welt kein Gedichte vor Augen; so erdichtet auch die Geschichte Sir Carls ist. Die hierinne vorkommende Personen leben, und befinden sich wohl. Hat nicht Jedermann das Recht, nach seinen Grundsätzen zu handeln? Meine Freunde haben zeithero die Möglichkeit, Sir Carln nachzuahmen, bestritten.

ten. Sie haben Recht. Niemals aber wird es an Leuten mangeln, welche dem Herrn von N. und Magister Lamperten ähnlich zu werden, fähig sind. Lorenze und Wigande giebt es ohnedem in allen Städten und Dörfern.

Es werden künftig noch mehrere Personen vorkommen, die aber dem Leser zuvor sollen geschildert werden. Am Ende will ich mich mit Namen nennen. Den 9ten Septembr. 1759

I. Brief.

I. Brief.

Der Magister Wilibald an den Baron von S.

Kargfeld, den 29. März.

Hochwohlgebohrner Herr,

Gnädiger Herr,

Die Ehre, die ich ehemals gehabt habe, Sie in allerlei guten Wissenschaften zu unterrichten; die Erlaubnis, welche Sie mir vor Ihrer Abreise gaben, oft an Sie zu schreiben, und der ausdrückliche Befehl meiner gnädigen Herrschaft,

schaft, einen Briefwechsel mit Ihnen zu unterhalten, berechtigen mich zur Erfüllung meines eigenen Wunsches, dem Geiste nach Sie auf Ihren Reisen zu begleiten: ob ich gleich körperlich von Ihnen entfernt bin. Nun sind Sie in Amsterdam, und nun werden Sie beurtheilen können, in wie ferne ich Recht, oder Unrecht hatte, wenn ich diese berühmte Stadt die Königin aller Handelsstädte nennte. Den fürnehmsten Theil der vereinigten Provinzen haben Sie bereits besehen, und machen Anstalt, wie Sie sagen, nach Engelland, dem Vaterlande tiefdenkender Gelehrten; der Heimat großer Geister; der Quelle aller Reichthümer Europens, überzuschiffen. (Hier haben Sie in wenig Worten einen Unterricht von dem, was bey den Britten Ihre Aufmerksamkeit verdienen muß.) Seyn Sie glücklich in allen Ihren Unternehmungen! Auf Befehl meines gnädigen und hohen Patrons soll ich Ihnen von unserm motu ciuico, wie ich es nach dem Horaz nennen könnte; oder von der innerlichen Gährung, welche in unserer kleinen Republik herrschet, eine Nach-

richt

richt geben. Ich will meine Erzählung von den Eiern der Leda herholen. Sie wissen noch nicht, was für ein guter Geschmack in dem Hause Ihres Herrn Oncle, meines hohen Patrons, sowohl in Ansehung der Wissenschaften; als aller übrigen Dinge anzutreffen ist. Die Scene hat sich seit Ihrer Abreise sehr geändert. Es wird niemand in die Gesellschaft, oder in den Dienst der Herrschaft aufgenommen, der nicht ein Kenner, oder ein Verehrer davon ist. Vom Hofmeister bis auf den Koch muß man nach den Regeln des Geschmacks urtheilen, oder doch darnach urtheilen lernen. Wenn ich aufgeräumt bin, nenne ich deswegen den Hochadelichen Sitz eine Akademie. Vor einigen Jahren, da Sie sich schon auf dem Carolino befanden, bekam ich von der gnädigen Herrschaft den Auftrag, bei den Winterlustbarkeiten, über ein, zu der Zeit mir unbekanntes Buch Vorlesungen zu halten; oder eigentlich zu reden, in der Versammlung des adelichen Hauses die Geschichte Herrn Carl Grandisons, die eben damals in unserer Muttersprache zum erstenmale erschienen

nen war, bei langen Winterabenden vorzulesen. Sie wissen, daß wohlgeschriebene Bücher jederzeit eine der angenehmsten Zeitkürzungen sowohl Ihres Herrn Oncle; als auch seiner Fräulein Schwester gewesen sind. Ich gehorsamete anfangs mit einigem Widerwillen. Ich wußte, wieviel meine Lunge durch das Geräusche der Spinnräder, welches meine Stimme durchdringen mußte, und durch den schädlichen Staub von der Hechel leiden würde: ich wußte aber noch nicht, wie viel mein Verstand davon gewinnen würde. Kein Schlaf kam den aufmerksamen Zuhörern in die Augen; aber gnug empfindliche Thränen rollten die Wangen herab, wenn ich ihnen diese rührende Geschichte las, und jedes Wort derselben durch den gemäßen Accent ihren Herzen einprägte. Wenn ich meinen Autor hinlegte, befand sich alles in einer entzückten Stille, bis wir unsere Geister wiederum gesammlet hatten: alsdenn wurde das vorgelesene Pensum nach den Regeln des Geschmacks beurtheilet. Niemand unterstund sich, ein Meisterstück des menschlichen Witzes (davor

hielten

hielten wir es anfangs alle, bis ich durch Gründe überzeugt wurde, daß es eine wahre Geschichte wäre) dem geringsten Tadel zu unterwerfen, und wenn ja hier und da ein Dubium oder sonst eine Anmerkung gemacht wurde, so geschahe es mehr exercendi ingenii caussa, als in der Meinung, wirkliche Fehler zu entdecken. Ich kann nicht leugnen, daß mich oft der Beifall der ganzen Gesellschaft stolz machte, wenn ich mit einer entscheidenden Mine Streitigkeiten über diese oder jene Stelle schlichtete. Nur einer der allerbösgeartesten Menschen = = . Niemals soll es mir aus den Gedanken kommen = = . Wigand, der lasterhafte Wigand, ehemals ein elender Drescher, hernach Hochadelicher Leibkutscher bey meinem Herrn Principal, durfte es wagen, mir einmal öffentlich zu widersprechen. Vergeben Sie, daß ich hier eine kleine Ausschweifung begehe, und Ihnen eine Begebenheit die zu Grandisons und meiner Ehre ausschlug, bekannt mache.

Wir waren einmal des Abends in der Beurtheilung des 25sten Briefes aus dem ersten Buche begriffen, da Wigand zwischen den Federfässern in der Kajüte hervor in die Versammlung drang, und einen Haufen Scheltworte über den ehrlichen Jeremias, Sir Carl Grandisons Kutscher, ausstieß, daß er dem Wagen des Ehr und Tugend vergessenen Hargravens ausgewichen wär. Er bestritt nach den Gesetzen der Fuhrleute, daß ein Postillion einem eigenen Kutscher eines großen Herrn ausweichen müßte, und machte Mine, auf Sir Carln selbst loszuziehen, wegen eines unbilligen Befehls, den er seinem Kutscher sollte gegeben haben. Hier lief meinem gnädigen und von dem Character Grandisons ganz bezauberten Herrn die Galle über; er sprang auf, und ich glaubte, er würde Wiganden den Hals brechen; allein er hies ihn nur einen Galgenschwengel, und drohte, ihn sogleich aufhängen zu lassen, wenn er Sir Carln, als die Zierde der Welt nur im geringsten wieder antasten würde. Ich aber versiegelte die ganze sehr nachdrückliche Rede meines Herrn mit den Worten: ne sutor vltra crepidam, welche ich ihm in einer Uebersetzung zurufte, und den Buben endlich durch verschiedene Schlüsse zur Ruhe brachte. Ich würde Bedenken getragen haben, mich soweit zu erniedrigen, und mit diesem Unverschämten in einen Wortstreit mich einzulassen, wenn nicht mein glückliches Gedächtnis mir eben zu rechter Zeit aus dem Martial zugerufen hätte: Inter Pygmaeos non pudet esse breuem.

Damals fieng mein Hochadelicher Herr Principal zugleich mit mir an, große Gedanken von der Geschichte des Grandisons zu hegen, und anstatt daß sich diese bei Endigung des Buches hätten verlieren sollen, so wurden sie bei uns dergestalt erhöhet, daß wir nach einer genauen Ueberlegung den Satz bey uns fest stelleten: es ist unmöglich, daß die Geschichte Herrn Carl Grandisons eine Erdichtung sei; es ist unmöglich, daß diese Geschichte aus der Erfindung eines sinnreichen Kopfes, wie eine andere Minerva aus dem Gehirn des Jupiters, entsprungen sei. Wie gesagt, diese Gedanken wurden von Tag zu Tag reifer, bis wir uns endlich stark genug fühlten, öffentlich damit hervor zu brechen. Ich that es mit Genehmhaltung meines gnädigen Herrn. Wir waren eben insgesammt in Schönthal bei Ihrem Herrn Schwager zu Gaste. Die Aufmerksamkeit der Zuhörer ermüdete nicht, obgleich eine Stunde verlief, ehe ich alle Gründe für die Wahrheit meines Satzes schicklich anbringen und ihnen die logikalische Stärke geben konte. Meine Augen waren nunmehro beschäfftiget, einen gerechten Beifall der hohen Versammlung abzufordern; da Ihr jüngeres Fräulein Schwester mit einem leichtfertigen Gelächter, als wenn sie vergessen hätte, daß ich jemals ihr Lehrmeister gewesen wär, meine Beweise feindselig anzugreifen; ja wo es möglich wär, sie umzustürzen, sich bemühete. In kurzem hatten wir zwo Partheyen an der Tafel, die mehr mit hitzigen als spitzigen Vernunftschlüssen gegen einander zu Felde zogen. Da wir uns nach Hause begaben, rühmte sich jedes des Sieges. Dero Herr Oncle und ich wurden durch die schwachen Einwürfe der Gegenparthei in unserer Hypothese treflich gestärket. Der Streit ist noch nicht beigelegt. Seitdem ich diesen Zankapfel in Ihre Hochadeliche Familie geworfen habe, fehlt es unsern Unterredungen niemals an Materie. Vor einiger Zeit sprangen beinahe alle, bei denen im Anfang meine Gründe Eingang gefunden hatten, von mir ab, und traten auf die Seite Ihres Fräuleins Schwester. Niemand als der gnädige Herr hielt noch bei mir aus. Ich war genöthiget, nach dem Beispiele des Weingottes, da er mit den Himmelsstürmern kämpfte, mich bald in einen grausamen Löwen zu verwandeln; bald eine andere Gestalt anzunehmen, um nicht von der Menge unterdrückt und zu einem schimpflichen und der Wahrheit nachtheiligen Stillschweigen gebracht zu werden. Nun haben wir uns wieder einen Anhang gemacht. Hier haben Sie das Verzeichnis von den Anhängern jeder Parthei. Diejenigen, welche unter mir, dem Magister Lampert Wilibald die Geschichte Herrn Carl Grandisons als wahre Begebenheiten annehmen und vertheidigen, sind: Mein gnädiger und hoher Principal, der, wie er sagt, für die Wahrheit der guten Sache sterben will.

Fräulein Kunigunde, Schwester meines gnädigen Herrn. Junker Gangolph von R . . , welcher bei hiesigem Förster die Jägerei lernt, seines Alters zwischen 18. und 19. Jahren.

Florian, der Lustgärtner und der ehemals verkehrte, nun aber bekehrte Wigand.

Diejenigen, welche unter dem Hochwohlgebohrnen Fräulein Amalia von S . . die Geschichte Herrn Carl Grandisons, als einen Roman annehmen und solches andern bereden wollen, sind:

Der Herr Baron von F . . . und dessen Frau Gemahlin gebohrne von S . .

Fräulein Fiekgen, Pflegbefohlene meines hohen Gönners.

Unser Herr Pastor, Wendelin, den ich zum Spas manchmal meinen Senior nenne, und andere.

So dringend meine Beweise, und so bündig meine Schlüsse sind, (ich muß an der Spitze meiner Parthey kämpfen;) so wenig habe ich doch dadurch bishero gewonnen. Man hat uns zwar oft Friedensvorschläge gethan: wir können uns aber darauf nicht einlassen. Man verlangt, wir sollen unserer bessern Ueberzeugung entgegen, die mehrbesagte Geschichte für eine witzige Erfindung, und einen nützlichen Roman eines in der gelehrten Welt unbekannten Engelländers erklären. Neulich that ich den Vorschlag, man sollte Ihnen den Auftrag thun, ein Endurtheil in dieser Streitigkeit zu fällen. Ich handelte großmüthig, daß ich den Bruder zum Richter zwischen einer geliebten Schwester und mir anrufte: ich verließ mich aber auf meine gerechte Sache, und auf ihre Zärtlichkeit für die Ehre und Wahrheit. Mein Vorschlag wurde angenommen. Ich bekam Befehl, Ihnen einen kurzen Abriß unsers Processes nebst der Urtheilsfrage zu übersenden. Sehen Sie, gnädiger Herr, das ist der Verlauf der ganzen Sache. Wenn Sie in London glücklich angelangelanget sind: so erkundigen Sie sich unter der Hand, was man von der Geschichte des Grandisons urtheilet; ob das Publicum auf meiner und Ihres Herrn Oncle Seite, oder auf Ihres Fräuleins Schwester Seite ist. Vielleicht sagt man Ihnen, daß die Sache an sich wahr sey, und daß man nur die Namen und gewisse kleine Umstände erdichtet hat, um die Wahrheit in etwas zu verstecken. Wäre dieses, so würden Sie zwar einige Schwürigkeiten zu überwinden haben: diese aber würden Sie nur ämsiger machen, in der aufmerksamen Nachforschung fortzufahren. Sobald Sie das geringste Licht in der Sache bekommen, und auf der rechten Spur sind: so ertheilen Sie uns davon Nachricht. Dero Herr Oncle hat dabei die größte Absicht von der Welt; aber es wird noch alles geheim gehalten. Lassen Sie sich nicht in Ihren Bemühungen zur Ehre der Wahrheit abschrecken; wenn Sie Leute in Engelland finden, die von der Geschichte des Herrn Grandisons eben so denken, als Fräulein Amalia, und ihre Parthei. Erinnern Sie sich, daß es vielerlei Arten von Freigeistern giebt. Alle Ihre Anverwandten segnen Sie so, wie

Ihr

unterthäniger Diener
M. Lampertus Wilibald.

II. Brief.

Der Herr von S. an den Magister Wilibald.

den 12ten April.

Hochgeehrtester Herr Magister,

Sie hatten ein Recht, an mich zu schreiben: ja, Ihr Brief würde mir willkommen gewesen seyn, wenn Sie auch nur die Hälfte von den Bewegungsgründen, mich im Geiste zu begleiten, wie Sie sich höchst vortrefflich ausdrücken, angeführet hätten. Ihre Freundschaft ist mir allemal schätzbar: ich werde also Ihre Briefe in Amsterdam und Londen mit eben der Aufmerksamkeit lesen, mit welcher ich ehedem Ihre gelehrten

ten Vorlesungen anhörte. Wie würde ich auch sonst im Stande seyn, so viel tiefsinnige Sprüche zu errathen, und so viel strenge Beweise einzusehen, mit welchen Sie die Wahrheit vortragen und befestigen, wenn ich Ihrer Sprache nicht bereits gewohnt wär.

Meine Schwester und der Pfarr werden nicht weiter mit Ihnen disputiren wollen, vielweniger der Kutscher. Sie haben Wiganden ganz gewiß mit einem Sorite zu Boden geschlagen; welches Sie mir aber aus Bescheidenheit in Ihrem Briefe verschweigen. Uebrigens bewundere ich Ihre Herablassung in Ansehung des Verweises. O hätten Sie mir die Uebersetzung davon beygefügt! Ohnfehlbar ist es eine Umschreibung gewesen. Ne sutor vltra crepidam. Welcher vortrefliche Einfall! Sie waren also der Mahler; die Geschichte mit dem Jeremias das Bild, und Wigand der naseweise Schuster. Wie hat sich aber der Bube unterstehen dürfen, einem Manne zu widersprechen, welcher gelehrter ist als Aristoteles und Confucius? Ich wünsche Ihnen unterdessen Glück, daß sie den

Hei-

Heiden bekehrt, und ihm die Rangordnung zwischen einem Kutscher und einem Postknechte beigebracht haben.

Die Nachricht, von dem nunmehro herrschenden Geschmack im Hause meines Oncles, vergnügt mich. Was kann doch ein Mann von Genie thun! Sie müssen mehr als eine Seele haben: wenn ich mich anders so ausdrücken darf. Mein Oncle war ja ehedem kein Liebhaber von Romanen, wenn ich den Don Quixotte ausnehme: daher auch die Heldenthaten, welche er noch als Fähndrich in Italien verrichtet, der beständige Gegenstand unserer Unterredung seyn mußten. Bey den Fräuleins aber war noch eher etwas auszurichten. Sie sind jung, und wie weiches Wachs, welches alle Eindrücke anzunehmen fähig ist. Fahren Sie indessen fort, meine Schwester nach dem Beispiele der Henriette Byron zu bilden. Ich werde Sie noch einmal so sehr lieben, wenn ich Sie einst in einem so vortrefflichen Lichte erblicken kann. Ich denke aber, Charlotte oder die vermählte Gräfin G. wird ihr besser gefallen: denn sie liebt den Scherz, und verliehrt lieber ihren Freund, als einen sinnreichen Gedanken. Der Einfall, daß Sie den alten Pastor Ihren Senior nennen, ist so spashaft nicht, als Sie wohl meinen. Ich habe schon ehedem angemerkt, daß Sie der Tochter dieses ehrlichen Mannes nicht gleichgültig sind. Sie wird von Ihnen erobert werden, ehe Sie es denkt; und wie wird sie einem Liebesantrag widerstehen können, wenn Sie solchen mit Ihrer gewöhnlichen Beredsamkeit thun, und dabei einen Schluß mit dem andern verbinden. Ich küsse Ihnen die Hände, lieber Herr Magister, wenn Sie Ihren ersten Liebesantrag entweder drucken lassen, oder doch wenigstens einen Auszug davon in den gelehrten Zeitungen bekannt machen. Mein Oncle unterstützet Sie als Kirchenpatron bey jedem Versuch, welchen Sie bey dieser Schöne zu machen willens sind: damit doch Dero Verdienste um unser Haus einiger masen vergolten werden.

Sie thun mir viel Ehre an, wenn Sie mich zu einen Schiedsrichter in der Streitigkeit zwischen Ihnen und meiner Schwester

erwäh-

erwählen. Die Sache kann nicht seyn; die Erfahrung aber soll den ganzen Handel entscheiden. So bald als ich nach Londen komme, werde ich mich um die Wahrheit der Geschichte Sir Carl Grandisons bekümmern, und Ihnen von jeder gemachten Entdeckung getreue Nachricht geben. Sie sind zum siegen gebohren; und wer wird auch hierbei gerechter triumphiren, als Sie, Herr Magister? Künftige Woche gehe ich von hier ab. Amsterdam würde mir besser gefallen, wenn ich ein Kaufmann wär. Das schöne Geschlecht behauptet hier seinen Vorzug vor dem männlichen. Ich könnte meinen Brief noch mit einer schönen Stelle aus dem Horaz versiegeln, in welcher er uns die Sitten der Holländer schildert, ehe diese Republik errichtet wurde: es mag aber unterbleiben. Weit feiner wird sich meine Zuschrift mit der aufrichtigen Versicherung endigen, daß ich zeitlebens sein werde

Dero

ergebenster
v. S.

III. Brief.

Fräulein Amalia an ihren Bruder.

Schönthal, den 27. April.

Der Magister Lampert weiß sich sehr viel mit dem Briefe, den er aus Amsterdam von dir erhalten hat. Gestern, da wir eben abgespeiset hatten, kam Jemand in vollem Galopp in den Schloßhof gesprengt. Wir fuhren alle an die Fenster, es war der Magister. Er kam die Treppe herauf. Der Baron, der immer seinen Spas mit ihm hat, fragte, ob der alte Pastor Wendelin gestorben wäre, daß er so aufgeräumet aussähe? Er verbeugte sich und schüttelte mit dem Kopfe. Reden konnte er noch nicht; seine Lunge war zu sehr ausgedehnet. Er sipste und schnappte eine gute Weile nach Luft, bis die Bedienten abgeräumet hatten. Wir waren begierig, die Ursache seines außerordentlichen Bezeigens zu erfahren. Er merkte es, und zog einen Brief aus der Tasche. Er bath um Erlaubnis, uns ein gnädiges Handschreiben von dem jungen Herrn Baron v. S. vorzulesen, nachdem er sich diese in einer wohlfließenden halbstündigen Rede erbethen hatte. Wir hörten aufmerksam zu. Er las mit einer Art, die mir gefiel. Das Wasser trat ihm für Freuden in die Augen; er lächelte und wischte sie mit einer Hand um die andere, wenn er an Stellen kam, die er für spashaft hielt, oder die ihm angenehme Gedanken erweckten: manchmal aber mummelte er in den Bart, und las so geschwinde, daß Niemand wußte, was er haben wollte. Wie, sagte ich, wie war das? Noch einmal diese Stelle. Er winkte und geboth uns mit der Hand zu schweigen, und las fort. Da er fertig war, und nach seiner Gewohnheit die Augen zudrückte, um sich auf kritische Anmerkungen zu besinnen, nahm ich ihm den Brief aus der Hand. Es sind Stellen darinne befindlich, über die ich Sie nicht darf reflectiren lassen, sagte er. Erlauben Sie, gnädiges Fräulein = = Er wollte mir den Brief wiedernehmen.

Erlauben Sie, daß ich ihn nicht weggebe, bis ich ihn gelesen und darüber reflectiret habe.

Nein, nein, der junge Herr schreibt aufgeweckt und spashaft. Sie dürften an manchen Orten eine Satire finden, wo keine ist; Sie sind lose.

Sie werden ihren Brief, sagte ich, nicht eher wieder bekommen, bis ich ihn ganz gelesen und meine Anmerkungen darüber gemacht habe.

Ich las ihn laut. Da ich ihn wieder zurück gab, sagte ich, der ganze Brief ist eine Satire auf Sie.

Was? Eine Satire? Nichts weniger! Ich kenne den Charakter ihres Herrn Bruders besser.

Mein Schwager winkte mir und zog mich bei Seite. Lassen Sie den guten Mann doch bei seiner Einbildung, wir werden unser Vergnügen dabei finden. Geben Sie ihm in allem, was er saget, Beifall; der Spas wird voll-

kom-

kommen seyn, wenn wir dem Plane folgen, den wir neulich entworfen hatten.

Ich gieng wieder hinein in den Saal. Er fing gewaltig an, über den Brief zu disputiren. Zum Scheine hielt ich ihm in etwas Widerpart; endlich räumte ich ihm alles ein, was er verlangte. Da er weg war, wurde erst die Glocke über ihn gegossen. Schreiben Sie an unserm Bruder, sagte mein Schwager; er sollte den Magister und unsern Oncle nicht in der Einbildung, die sie von dem Grandison hätten, stören. Er sollte die Bitte des Magisters, wie er zu thun geneigt schiene, erfüllen, und entweder uns, oder ihm selbst, von dem Zustand der Personen, die in dem Grandison eine Rolle haben, Nachricht geben, wir würden uns ihm alle für dieses Vergnügen verbunden erkennen. Wir lachten, daß der Baron den Scherz so weit treiben wollte. Ich glaube aber, wir haben manche Lust zu erwarten, wenn du die Bitte unsers Schwagers statt finden lässest.

Den 28ten. Heute Nachmittage legten wir einen Besuch bey unserm Oncle ab. Mein

Schwager that es mehr, mit dem Magister seinen Scherz zu treiben, als aus Begierde unsern Oncle zu sehen, den er gleichwohl sehr liebt, so lange er von seinen Feldzügen schweigt.

Mein Oncle las uns den Brief, den er gestern von dir erhalten hat. Wir wünschen unserm geliebtesten Bruder, zu der bevorstehenden Reise nach Engelland, Glück und eine dauerhafte Gesundheit. Herr Lampert sagte: wenn du einmal des Steinkohlendampfes in London gewohnt wärest, und in den ersten vier Wochen keinen Ansatz zur Schwindsucht bekämest, so würdest du nicht nur in Engelland beständig gesund bleiben; sondern auch in Deutschland einmal ein alter Mann werden. Er wollte heute an dich schreiben, und den Brief in den meinigen einschließen; er besonn sich aber anders, und ersuchte mich, ihn zu deiner Gewogenheit zu empfehlen, und dich für böser Gesellschaft zu warnen. Um seinetwillen, sagte er, soll der junge Herr keinen Menschen seiner Freundschaft würdigen, der nicht von dem Grandison groß denkt, oder ein Anverwandter von ihm ist. Ich biß mich in die Zunge um das Lachen zu verbergen, und versprach, seinen Auftrag bey dir auszurichten. Gleichwohl konnte ich es nicht unterlassen, einige Spöttereien über unsers Herrn Vetters und seines Orakels des Magisters Grille zu sagen, ob es mir gleich von meinem Schwager sehr nachdrücklich verbothen war. Unser Oncle wurde deswegen so sehr gegen mich aufgebracht, daß wir Mühe hatten, ihn zu besänftigen.

Ich setze mein Leben zum Pfande, fing Herr Lampert unerwartet an, und schlug mit der Hand auf den Tisch, daß die Gläser schütterten, ich setze mein Leben zum Pfande, daß es einen Grandison und eine Henriette Byron giebt. Leugnen sie diese Wahrheit nicht länger, gnädiges Fräulein, wenn Ihnen etwas an der Gewogenheit ihres Herrn Oncles gelegen ist. Unser Oncle warf einen zornigen Blick auf mich, und seine Stirn bekam mehr Falten als ein aufgezogener Vorhang. Mein Schwager bath beide, so lange sich zu beruhigen, bis zuverläßige Nachrichten aus Londen wegen dieser Sache einliefen. Er versprach dem Magister eine Hirschhaut, wenn wir erführen, daß die Geschichte des Grandisons wirkliche Begebenheiten enthielte; er sollte hingegen dem Baron ein paar Wachtelbauer verfertigen, wenn sie als eine Erdichtung befunden würde; Sie gaben einander die Hände darauf. Meine Schwester und ich versprachen ihm jede ein paar genehete Manschetten, wenn er Recht behielte; wenn wir aber den Sieg davon trügen, so verlangte meine Schwester eine Schnappweife, und mir sollte er ein Sonnenschirmgen drehen. Er ging alles ein was wir verlangten, und war seiner Sache so gewiß, daß er sich davon nicht hätte abbringen lassen, wenn man Pferde an ihn gespannet hätte. Jezt war ich im Begriffe zu schließen; aber ein Streich von dem wunderlichen Menschen, der mir eben einfällt, und wenn ich ihn nicht erzählte, mich wie ein Mühlstein auf dem Herzen drücken würde, hält mich noch davon zurück. Er hat sich vorgesetzt, in allen Dingen dem D. Bartlett nachzuahmen, und hofft ihm endlich so ähnlich zu werden, als ein Ei dem andern. Neu-

lich

lich hat er den ersten Schritt in dieser wichtigen Unternehmung gewaget, er ist merkwürdig. Der Magister hat das große Werk von einer Perucke, worinnen er sonsten an hohen Festtagen zu stolziren pflegte, plötzlich abgeleget, und trägt sein eignes Haar. Nur Schade, daß es pechschwarz ist! Wenn ich ihm doch riethe, er sollte es schwefeln, oder an der Sonne bleichen, damit es des D. Bartletts seinem ähnlicher würde, wer wüßte, was er thäte. Nun muß ich im Ernste schließen, Fräulein Julgen ist unten. Das gute Kind wird mir ihr Herz einmal ausschütten wollen. Ihre Stiefmutter plagt sie recht gottlos. Was kann denn das liebe Mädgen davor, daß sie besser gebildet ist als ihre schielende Stiefschwester. Ich werde gerufen. Unsere Anverwandten empfehlen sich dir und erwarten öftere Nachrichten. Ich bin so lange ich lebe

Deine

Amalia v. S.

IV. Brief.

Der Herr von S. an seine Schwester.

London den 24. April.

Liebe Amalia,

Meine Schwester gefällt mir, wenn sie aufgeräumt ist. Sie hat eine vortrefliche Gabe zu scherzen, und ich sehne mich oft nach ihren belebenden Umgang. Der Magister, Lampert, muß, wie ich sehe, noch die nämliche Rolle spielen, die er ehedem hatte: und es ist kein Wunder, wenn seine Thorheiten mit den Jahren zunehmen, da sich Jedermann Mühe giebt, ihn darinnen zu unterhalten; wiewohl die natürliche Leichtglaubigkeit und eine stolze Einbildung von seinen seltenen Verdiensten das meiste dabei thun. Du mußt ihm inliegenden Brief selbst übergeben. Nimm ihm aber zuvor alle schädliche und tödliche Werkzeuge weg, damit, wenn er in eine Raserei verfällt, er sich nicht die Kehle abschneiden möge. Gib mir alsdenn

denn eine getreue Nachricht von dem Ausbruch seiner Freude.

Ich habe hier in London eine ganz neue Welt vor mir. Gestern habe ich den König zum erstenmal gesehen. Er ist schon ein Greiß, aber voller Majestät. Empfiehl mich allen meinen Freunden und liebe

Deinen

aufrichtigen Bruder.

V. Brief.

Der Herr von S. an den Magister Wilibald.

London den 24. April.

Wie wird mein Hochgeehrtester Herr Magister die Nachricht aufnehmen, welche ich Ihnen geben muß? Bereiten Sie sich zu, meine Sache anzuhören, die Dero sonst gesetztes Herz durchbohren wird, = = Die ganze Geschichte Sir Carl Grandisons ist erdichtet. Verdammter Wind!

Wind! Wem wird man doch in der Welt glauben dürfen? Niemals hat ein Grandison in Engelland gelebt; niemals eine Henriette Byron. Von der Frau Shirley und der alten Tante Lore will auch Niemand etwas wissen. Es ist ein Roman, sagt man hier; und die Ausländer sind einfältig, wenn sie unsere Erdichtungen für Wahrheiten halten. Armer Herr Magister, welcher Schmerz wird Ihr Herz durchdringen! Die Wette ist verlohren; alle schöne Anstalten, den Grandison nachzuahmen, sind vergebens, und Sie werden Ihr Ansehen sowohl bei dem Gärtner; als auch bei dem Kutscher einbüßen. Nein, das wolle der Himmel nicht! Triumph, Herr Doctor! ich habe Ihre philosophische Standhaftigkeit prüfen wollen. Vergeben Sie mir diesen Scherz! Grandison lebt; seine liebenswürdige Henriette befindet sich wohl. O, wie viel Schönes werde ich Ihnen in kurzen von diesem ädlen Paare sagen können! Damit ich aber ordentlich verfahre; so erlauben Sie, daß ich in meiner Erzählung zurück gehe.

Es war den 21. April, als ich zu Londen ankam. So müde als ich auch war, so wurden meine Lebensgeister dennoch durch den Anblick dieser außerordentlichen Stadt ermuntert und gestärket. Ich ließ mich sogleich zu den Herrn v. B. bringen, dessen Bruder bei der alliirten Armee mein besonderer Freund war. Ich übergab ihm seine Empfehlungsschreiben; und wurde von ihm und seiner Gemahlinn gütig aufgenommen. Mein Wirth ist von ädler Geburt; treibt aber, als der zweite Sohn seines Hauses, aus einem sehr vernünftigen Grundsatze der Britten, die Handelschaft im Großen. Er lebt prächtiger als mancher Graf, und ich habe bei verschiedenen Gelegenheiten die Herrlichkeit seines Hauses gesehen. Ich erkundigte mich alsobald nach Sir Carln. „Sir Carl, sagte er, ist mein Freund. Je„dermann liebt ihn; Das Bild, das Richard„son entworfen, sieht ihm sehr ähnlich: Sie „werden ihn aber noch mehr bewundern, wenn „Sie ihn persönlich sprechen; in wenig Ta„gen werde ich nach Grandisonhall gehen; „ihre Gesellschaft wird mir angenehm sein.„

Nun-

Nunmehro, Theurester Herr Magister, wird die Freude bei Ihnen eben so stark, als vorher der Schmerz sein. Setzen Sie sich, wie ein römischer Held auf eine Chaise, lassen Sie alle Ihre Gegner vorhergehen; lassen Sie io triumphe rufen, und fahren siegprangend, mit Blumen gekrönt, nach Schönthal, um daselbst neue Lorbeern einzusammlen. Mein Brief aber muß auf einem Kissen, wie ein Document, getragen werden. Nunmehro wird Ihre Scharfsinnigkeit von keinem Menschen mehr in Zweifel gezogen werden. Sie können das Wahre von dem Falschen genau unterscheiden; Sie dringen in das Innerste der Sache; und jeder große Geist wird sich eine Ehre daraus machen, wenn er nur mit Ihnen verglichen wird. Leben Sie wohl, verehrenswürdiger Freund! Der Geist der alten Chaldäer und Perser ruhe ferner auf Ihnen. Dieses ist der beständige Wunsch

Ihres

gehorsamen Dieners
v. S.

VI. Brief.

Fräulein Amalia an ihren Bruder.

Schönthal den 16. Mai.

Mein Bruder,

Deine Briefe haben uns ein unglaubliches Vergnügen gemacht. Der Baron war vorige Woche in der Stadt und erhielt sie da von der Post. Er setzte sich sogleich zu Pferde, um sie mir zu überbringen. Ich erbrach das Schreiben an mich, worinne ich das an den Magister eingeschlossen fand. Der Jäger mußte den Augenblick hinüber nach Kargfeld, und unsern Oncle nebst seiner Familie und den Magister zu uns einladen. Sie kamen etwas später als Herr Lampert, der sich in der Eile auf das Pferd unsers Jägers geschwungen hatte, und da war, ehe wir daran dachten. Er war ungedultig, den Brief an sich zu erbrechen; ich gab ihm aber diesen nicht eher, bis unser Oncle kam. Wir setzten uns nach den ersten Komplimen-

ten

ten um den Magister herum; er hatte die Stühle in einen halben Zirkel gestellet. Ich will mir einbilden, ich stünde vor dem römischen Senate, sagte er. Hier soll die Geschichte des Grandisons, wie dort das Schicksal der halben bevölkerten Welt, erwogen und beurtheilet werden. Er stund, lösete das Siegel auf, nachdem er die Aufschrift gelesen hatte, und warf einen so hastigen und begierigen Blick in den Brief, um ihn ganz zu übersehen; als wie ein heishungriger Knabe auf eine Buttersemmel schielt, um sie auf einmal zu verschlingen. Er las; aber bey dem ersten Zeilen fing er schon an zu stocken. Kaum hatte er noch so viel Kraft, die Worte herzustammlen: Die ganze Geschichte Sir Carl Grandisons ist erdichtet, da fiel ihm der Brief aus der Hand. Er stund wie angenagelt; sein Gesichte war entfärbet, und die Augen gläsern. Auf einmal riß er, mit einem entsetzlichen Geprassel, wie ich glaube, nach einen Gebrauche der Alten, seine Weste auf. Die hölzernen Dorlen aus den Knöpfen flogen uns in die Augen. Unser Oncle

war

war ohne Bewegung. Er hatte sich auf seinen Stock gelehnet; sahe mit den Augen starr vor sich nieder, und schien in dem Augenblicke hinzusterben. Der Magister rung und wund die Hände, und wiederholte oft einen lateinischen Spruch. Der Baron hat ihn gemerket: O vanitas vanitatum, heißt er, et omnia vanitas! Er ergriff darauf seine Halskrause, mir war bange, er würde sie zuziehen und sich erwürgen: er trocknete aber nur seine Thränen damit ab, die ihm in den Augen stunden.

Unterdessen hatte ich den Brief aufgehoben, und sprach dem armen trostlosen Manne einen Muth ein. Sie würden sich vor dem ganzen römischen Senate verächtlich machen, wenn Sie so wenig Standhaftigkeit zeigen wollten. Fangen Sie noch einmal an zu lesen, und lesen Sie den Brief ganz, wer weiß was er für einen Ausgang hat. Ich hatte ein wenig hinein geschielet und noch etwas von von Sir Carln erblicket.

Er setzte mit zitternder Stimme noch einmal an, und hatte so viele Standhaftigkeit, den ersten Absatz, der ihm so schrecklich war, zu lesen. Nun kam er auf den zweiten. Alle seine Gesichtszüge wurden auf einmal verändert. Ein Mann mit zwei Gesichtern in einer Minute, dachte ich, das ist der leibhafte Janus Bifrons aus unserm Orangengarten. Er vergaß sich in seiner Freude. Alle Ausschweifungen zu erzälen, würde mir mehr Mühe kosten, als sie meinen Bruder vergnügen könnten. Viele lange lateinische Sprüche, die sich alle mit Dii immortales! anfingen, mußten wir wie die tiefsinnigen Aussprüche der Orakel hören, ohne sie zu verstehen. Unfehlbar hatte er vergessen, daß mehr Personen als er in den Saale wären. Er lief hastig hin und wieder; ich sorgte für den Spiegel und seinen Kopf. Er las den Brief wiederum mit so vieler Aufmerksamkeit, als wenn er seinen Augen nicht trauen dürfte. Den Namen Grandison drückte er jedesmal mit seinen Lippen. Bei meinem Oncle hatten wir fast gleiche Erscheinungen. Er saß nachdenkend auf dem Lehnstuhle, als wenn er das Gleichgewichte von Europa zu entscheiden hätte; er er schüttelte dann und wann den Kopf, und spielte mit seiner Dose zwischen den Fingern. Aller Augen sahen auf ihn und den Magister. Diese Pantomime dauerte eine gute Weile. Mein Schwager brach das Stillschweigen zuerst. Er wollte sich der Gemüthsverfassung, dieser beiden Leute bedienen, sie in ihren Irrthum tiefer einzuwicklen; Er schien eben so sehr in Erstaunen gesetzt zu seyn, als sie. Meine Schwester und ich mußten auch unsre Rolle spielen.

Der Magister foderte hierauf Jedermann, der keinen Grandison glaubte; oder noch einige Zweifel wider die Wahrheit seiner Geschichte vorzubringen hatte, zu einem gelehrten Gefechte heraus. Er sahe uns allen, und besonders mir, steif ins Gesichte.

Wie stehet es denn nun, mein naseweises Bäsgen, sagte der Oncle zu mir, wollen sie hinführo mehr über den Grandison streiten?

Ich schlug die Augen nieder, und gab mir das Ansehen, als wenn ich beschämt wäre, ich zwang mich roth zu werden. Mein

Schwager rief den Jäger herein: Anton, hierdurch gebe ich ihm gemessenen Befehl, den ersten jagdbaren Hirsch, der mein Gehäge betritt, vor den Kopf zu schießen, mir den Braten in die Küche, und gegenwärtigem Herrn Magister Wilibald die Haut auf seine Studierstube nach Kargfeld zu liefern, wornach er sich zu achten hat. Meine Schwester ließ das Kammermädchen rufen, dem Magister das Maas zu den Armbindgen, woran die Manschetten kommen sollten, zu nehmen: er verbat es aber, und ersuchte uns, die Manschetten, in Halskrausen zu verwandeln. Er wird in kurzem an dich schreiben, wenn sein Gemüthe etwas ruhiger ist. Niemand hofft begieriger auf die Briefe ihres geliebtesten Bruders, als

Seine

Amalia v. S.

VII. Brief.

Der Herr v. N. an den Herrn v. S . .

Kargfeld den 14. Mai.

Geliebter Neveu,

So ist denn die Geschichte mit Sir Carl Grandisonen wirklich wahr? Ich habe zeithero, als ein kluger Mann, noch immer daran gezweifelt: weil ich niemals gewohnt bin, alles bey der Erde weg zu glauben: allein Ihr letzter Brief an den Magister hat mich völlig convinciret. Dem will ich den verdammten Häls brechen, welcher nunmehro weiter etwas wieder die Gewisheit der Sache einwenden wird. Vor allen Dingen, sehn Sie zu, daß Sie den Mann selber sprechen. Der Kaufmann, bei welchen Sie wohnen, scheint mir nach Ihrem Berichte, ein ehrlicher Pursch zu seyn. Er wird Sie, wie der Engel den Tobias, sicher nach Grandisonhall bringen, und darauf bedacht seyn, daß Sie unterwegs kein Wallfisch frist.

Wenn Sie dort sind; so machen Sie an den Herrn Grandison und an seine Henriette von mir ein dienstfreundliches Kompliment. Merken Sie dabei auf alles, was in seinem Schlosse, an seinen Bedienten, und vornehmlich an seiner Person, anzumerken würdig ist. Ich weiß zwar einen großen Theil aus dem Buche; allein Specialia, mein lieber Vetter, Specialia sind es, die ich wissen will. Verstehen Sie mich wohl? z. E. Hält er viel Jagdhunde? was sind seine Jäger für Kerls? wer spielt die Orgel, wenn Concert ist? was macht die alte Frau Shirley? Ist der Lady G. ihr Meerkätzgen zur Meerkatze geworden? Lebt die alte poßierliche Tante Lore noch. Von allen diesen Dingen dependirt gegenwärtig gar viel: und wenn mein Vorhaben glücklich von Statten gehet; so bin ich zwischen hier und Weinachten ein zweiter Grandison: ja, vielleicht treibe ich die Sache noch höher. Lassen Sie Sich aber gegen Niemanden nichts merken. Verschwiegenheit ist das Wesentliche bei großen Unternehmungen. Der Magister Lampert thut mir hier-

bei

bei gute Dienste. Er ist selbst von der ganzen Affaire so eingenommen, daß ich mir keinen drolligtern Kerl wünschen könnte, als ihn.

Mein Rath wär, Sie blieben einige Monate zu Grandisonhall = , manchmal können Sie auch nach Shirleymanor gehen, wenn Ihnen die Zeit zu lang wird. Hüten Sie Sich aber für dem verdammten Greville: es ist ein Schläger. Fragen Sie doch auch nach den leidigen Vetter Eberhard, ob er vielleicht in seinem Ehestande auch untertaucht? Meinen Gruß an den Herrn Reves und Frau Reves, wie auch an den spashaften Oncle Selby. Den Mann möchte ich einmal hier bei mir haben, ich wollte ihm so zusaufen, daß er den drätschen Himmel nicht erkennen sollte. Adieu, lieber Vetter. Ich bin Ihr guter Freund

v. N.

VIII. Brief.

Von S. an seinen Oncle.

Grandisonhall den 19. Junius.

Sie thun mir viel Ehre an, daß Sie an mich schreiben, und nochmehr, daß Sie mich zu Ihren Gesandten an Sir Carln machen. Ich bewundere und verehre Ihren Entschluß, diesem großen Britten nachzuahmen; und wer ist auch fähiger, auf eine ähnliche Art zu denken und zu handeln, als mein hochgeschätzter Herr Oncle? Sie werden nunmehro Ihrem alten Hause einen neuen Glanz geben, und allen unsern Ahnen eine wahre Ehre machen.

Es war den 3ten dieses, als ich zu Grandisonhall ankam. Das Schloß ist fürstlich, und völlig so, wie es Fräulein Lucia beschreibt.

Sir Carl empfing mich mit einem großen freimüthigen, aber höchst einnehmenden Wesen.

sen. Er wußte die Lobeserhebungen, die ich ihm höchst verdienter Weise, als einem berühmten Manne, machte, auf eine sehr bescheidene Art abzulehnen.

Es wurden meinen Begleiter und mir zwei Zimmer im andern Stockwerke angewiesen. Sir Carl verlangt, daß ich etliche Monate bei ihm bleiben soll; ich denke, ich werde nicht ungehorsam seyn.

Den 5ten. Wir sind heute ungemein vergnügt gewesen. Laly G. stattete nebst ihrem Gemahle und ihrer nunmehro 10jährigen Meerkatze, einen Besuch bei Sir Carln ab. Die Tochter ist das wahre Ebenbild von ihrer muntern Mutter. Wär das Meerkätzgen sieben Jahr älter; so =

Sir Carl, wendete sich während der Mahlzeit etliche mal an mich. Ihre Gesundheit wurde in einem großen Deckelglase ausgebracht, und von allen nachgetrunken. Wollte der Himmel, sagte mein gütiger Wirth, daß ihr Oncle auf ein halb Jahr herüber kommen könnte! es muß ein vortreflicher Mann seyn,

 wie

wie ich aus ihrer ganzen Erzählung abnehmen kann. Morgen gehn wir auf die Jagd. Sir Carl wird seinen großen Fresco mitnehmen. Der König wollte ihm ein Gut dafür geben, welches jährlich 600. Pfund einträgt, wenn er ihm diesen seltenen Jagdhund geben würde; allein er schlug es Ihro Majestät ab.

Den 6ten. Das war eine Hauptlust! Es ist was übernatürliches mit dem Fresco. Er fieng ein Schwein, welches 6 Centner wog. Doctor Bartlett, wäre beinahe aus Versehen erschossen worden. Er will nicht wieder auf die Jagd gehen.

Den 7ten war wieder große Gesellschaft hier. Sir Beauchamp und seine Aemilia, erschienen auch. Abends war Bal. Wir tanzten bis vier Uhr. Es waren einige Fräuleins aus der Nachbarschaft da, mit welchen ich tüchtig herumsprang. Von Ihnen wurde etlichemal gesprochen. Lady G. möchte Sie so gerne tanzen sehen.

Den 8ten. Nun bin ich auch in der so berühmten Bildergallerie gewesen. Hier treffe ich das Stücke an, welches Lovelcae gesehen hat. Der Ritter ist im vollen Harnische, und mit aufgehabenen Händen kniend abgemahlt. Die Gemahlin kniet gegen über, und hat sechs Mädchens mit molkenhaften Gesichtern hinter sich; so wie sich vier dickköpfigte und kurzöhrichte Jungens hinter ihm befinden. Das fromme Paar sieht gen Himmel, an welchem die Worte mit goldenen Buchstaben geschrieben sind: in coelo quies. Vielleicht haben sie manchen ehrlichen Zwist auf Erden gehabt.

Einer von Sir Carls Ahnen siehet Ihnen, geliebter Herr Oncle, sehr gleich. Es ist ein alter Obrister, welcher sich in den Kriegen mit den Schottländern, unter dem König Wilhelm, sehr hervorthat. Sir Grandison war außerordentlich erfreut, als ich ihm die Gleichheit zwischen Ihnen und dem alten Helden meldete. Dieses Bild, sagte er, soll mir nunmehro um desto schätzbarer seyn.

Den 9ten. Heute bin ich in der Kirche gewesen. Doctor Bartlett predigte von den verschiedenen Unglücksfällen, welche den Menschen begegnen könnten. Morgen werden wir insgesammt aufbrechen, und nach Shirleymanor gehen, welchen Rittersitz Sir Carl, nach dem Tode der rechtschaffenen Frau Shirley, geerbet hat. Sie starb den 1 August 1756. Lady Grandison und ihr Gemahl waren bei dem Ende dieser Hochachtungswürdigen Matrone gegenwärtig. Der Liebling ihres Herzens, und Sir Carl empfingen nochmals ihren zärtlichen Segen. Oncle Selby, hat weinend ganz abscheulige Gesichter gemacht, wie mir Lady G. sagte.

Den 17ten. Gestern Abends kamen wir von unserer Lustreise wieder zurück. Ich bin nunmehro mit der ganzen Familie bekannt. Oncle Selby ist noch immer wie sonsten. Er überlacht dreissig andere, und wenn sie auch noch so sehr lachen könnten. Vetter Jacob dient als Cornet unter der schweren Cavallerie; Greville aber ist Obrister unter einem Landregimente. Es soll ihn keiner von allen Officiers im Fluchen aushalten können.

Ormen,

Ormen, die Milchsuppe, habe ich auch gesehen. Er ist noch immer kränklich, und wird wohl schwerlich wieder hergestellt werden. Seine Schwester will ihm zu Gefallen ledig bleiben, und eine zweite Tante Lore werden. Im Vorbeigehen: Tante Lore, ist vor vier Jahren sehr ungern gestorben. Sie brachte ihr Leben auf 70 Jahr, drei Monate und 6 Tage.

Den 19ten. Heute wurde großes Concert im Musiczimmer gehalten. Viele benachbarte Edelleute, fanden sich dabei ein. Ich sehe, daß sich der Brittische Adel ungemein auf die Tonkunst legt. Sir Carl spielte den Generalbaß auf der Orgel. Zuweilen lösete ihn seine Henriette mit dem Flügel ab. Alexanders Gastmahl wurde auch aufgeführt. Sir Carl wunderte sich, daß Sie kein Instrument spielten, da Sie doch außerdem so ein vollkommener Cavalier wären.

So viel, für diesesmal. Ich habe eine bequeme Gelegenheit meinen Brief fortzusenden.

den. Ganz Grandisonhall empfiehlt sich Ihrer Gewogenheit und besonders

Dero

gehorsamster Diener
v = S.

IX. Brief.

Fräul. Amalia an ihren Bruder.

Schönthal den 23. Mai.

Lieber Bruder,

Welche Veränderung in unserm Hause! Alles ist metamorphosiret! Kein Bedienter, kein Bauer darf meinen Oncle mehr gnädiger Herr, oder die alte Kunigunde gnädiges Fräulein nennen; sondern Sir und Lady müssen sie sprechen. Viele fragen den Magister um die Bedeutung dieser Titel; und dieser ist allemal bereitwillig, ihnen zu erklären, wie die Wörter a radice haben. Sein Dorf heist nicht mehr Kargfeld,

feld, sondern N. hall. Wir hatten am Montage alle Mühe, ihn darzu zu bringen, daß er einen Brief annahm, auf welchen noch a Kargfeld gesetzt war. Wiganden hat er umgetauft und Jeremias genennet. Der feinste Einfall ist die Auszierung eines alten Ganges, welchen er nunmehro mit dem prächtigen Namen einer Bildergallerie beehret hat. Du weißt, daß nur wenige Personen von unsern Ahnen abgemahlt sind, damit aber die gemeldete Gallerie ganz besetzt werden möge, so stehen unter andern zusammengeraften Gemählden, auch der weinende Petrus, Aristoteles mit einem großen Buche, von welchem der Magister berichtet, daß es seine Metaphysic wäre, die heilige Veronica, der Kasten Noá, die Zerstöhrung Jerusalem, und Thomas Münzer mit darunter. Wigand mußte sie aufstellen helffen, und war so boshaft, einige grobe Einwürfe wider diese Ahnen zu machen; allein, mein Grandisonirender Oncle versiegelte seine kurze Antwort mit einer entsetzlichen Maulschelle, daß dem Kutscher die Lust, den Streit weiter zu treiben, vergieng.

Hast

Hast du Schurke jemals gehört, setzte er hinzu, daß Jeremias mit seinem Herrn so unverschämt sprechen darf? Wenn du Schlingel länger bei mir in Diensten seyn willst; so mußt du weit ehrerbietiger mit mir reden, woferne ich dir nicht deine schelmische Ohren abschneiden soll. Mit einem Worte, die Gallerie wurde fertig, und wir müssen in seiner Gesellschaft oft dahin gehen, und uns von ihm die Thaten dieser ehrwürdigen Ahnen erzählen lassen. Er selbst nimmt in Lebensgröße zu Pferde den ersten Platz ein. Damit aber sein heroisches Wesen recht natürlich gebildet wurde, so bestieg er seinen alten Fuchs, welcher drei Tage zuvor nicht eingespannt, vielmehr reichlich gefüttert wurde, paradirte im Hofe herum, und der Mahler mußte die Anlage zum Bilde, unter freien Himmel verfertigen. Lampert wollte bei dieser Gelegenheit sich auch mahlen, und bei Münzern oder bei den Aristoteles stellen lassen; Allein seine Bitte wurde ihm rund abgeschlagen; doch erhielt er den Trost: ich will eine Bronze aus Sie machen lassen, und Sie in meine Bibliotheck stellen. Ich

nahm

nahm mir die Freiheit, ihn wegen der Unanständigkeit des Orts einige Vorstellungen zu thun; welche auch so kräftig waren, daß er das am Ende der Gallerie befindliche heimliche Gemach, sogleich mit eigener Hand versiegelte. Hier, sprach er, ist das Medaillencabinet von der Olivia befindlich, welches ich nach und nach in eine bequemere Stelle bringen werde.

Das rühmlichste bei seiner Nachahmung ist die Bestimmung einer Stube zur Hauscapelle, worinne Abends Betstunde gehalten wird, und wobei Lampert die Stelle des Dr. Bartletts vertritt. Jedermann erfreuet sich darüber: denn du weißt, daß er sonst niemals von Beten und Singen ein großer Liebhaber gewesen.

Kargfeld, den 25. Mai, früh 7. Uhr. Den Augenblick reiset mein Oncle mit dem Jeremias fort, wir fragten ihn ganz zärtlich: Wo er hin wollte; allein wir bekamen keine Antwort als diese: ich habe auf meinen Irrländischen Gütern eine Verbesserung vorzunehmen.

men. Wir thaten während seiner Abwesenheit einen Spaziergang. 11. Uhr. Ums Himmelswillen! da kommt Jeremias mit dem Wagen. Was muß er in aller Welt aufgepackt haben? wir liefen alle an die Fenster, und Fräulein Kunigunde schrie: Wigand, was bringst du hier? Es ist eine Orgel, gnädige Lady.

Tante. Was willst du damit? du führst sie an unrechten Ort.

Wigand. Nein, Mylady, unser gnädiger Herr hat sie der Gemeine zu Daasdorf abgekauft: weil dort eine neue gebauet wird.

Indem kam Grandison der zweite auch; und da er uns insgesammt erblickte: so sagte er: nun, Kinder, soll unser Schloß bald ein Grandisonhall werden. Siehst du wohl, Schwester, daß ich ein Musiczimmer anrichten will? Friedrich, lauf sogleich zum Cantor, und hole ihn anbei, er soll die Pfeiffen vorsichtig abpacken, und die Sache in Ordnung bringen. Sie aber, Herr Magister, welcher

eben

eben stand, und in eine große Orgelpfeiffe blies, sagte er, können ihm behülflich seyn, damit ein jedes Stück recht orthodox an seinen Ort gebracht werde.

Es wurden auch sogleich zwei Bauern beordert, welche die Bälge zur Fröhne anbei fahren mußten. Das schlimmste ist, fuhr er fort, daß ich die Orgel nicht spielen kann, sonst wollte ich, wie Sir Carl, zuweilen in das Musiczimmer gehen, und eine Cantate aborgeln.

Den 26ten. Bald wird die sogenannte Kinderstube in ein prächtiges Musiczimmer verwandelt seyn. Die Mägde haben ausziehen und in eine andere Stube wandern müssen. Die Instrumente, womit selbiges ausgezieret ist, sind:

1.) Ein altes Clavier, das ist der Flügel, worauf seine künftige Henriette spielt.

2.) Eine Violine, woran die Quinte fehlt.

3.) Ein Baß, welchen mein Oncle von einen Adjuvanten für zwei Martinsgänse angenommen.

4.) Eine Trommel, diese gehört aber eigentlich zum Landregimente.

Die Orgel ist noch nicht gesetzt; der Orgelmacher aber ist verschrieben. Auf die künftige Woche soll alles im Stande seyn: da wir denn sämmtliche große Veränderung einweihen werden. Nur der Schulmeister ist mit seiner neuen Stelle, als Hoforganiste, nicht zufrieden. Du wirst seine Zweifel im beiliegenden Briefe lesen. Wir führen bei diesem reißenden Strohme der Thorheiten, welchem sich nunmehro Niemand widersetzen kann, das angenehmste Leben, und wünschen dir ein gleiches.

Amalia v. S.

X. Brief.

X. Brief.

Der Schulmeister von Kargfeld an den Herrn v. S.

Kargfeld, den 26. Mai.

Hochwohlgebohrner Herr,
Gnädiger Herr,

Eur. Hochwohlgeb. werden verhoffentlich nicht ungnädig aufnehmen, wenn ich als ein unwürdiger Dorfschulmeister an Sie nach Engelland schreibe; wo Sie Sich, nach Aussage des Hr. Magisters, aufhalten sollen. Ich habe sonst viel von diesem Kaiserthume gehöret; und einige haben gar sagen wollen, es läg mitten auf einem großen Wasser. Wie sind Sie doch in die Welt hinüber gekommen, da Sie das Schwimmen sonst bei uns nicht gelernet haben? doch es mag seyn wie es will; wenn

Sie nur nicht etwa durch verbotene Künste (dafür Sie Gott bewahre) über die große See gegangen sind. Ich hatte viel zu schreiben; ich habe es aber alles wieder vergessen. Beiläufig == das Gedächtnis legt mir seit einigen Jahren sehr ab; und ich bin jetzo willens, bei dem Oberconsistorio in einem Schreiben anzuhalten, daß wir eine Parucke zu tragen erlaubt seyn möge. Sonst bin ich noch ziemlich gesund, Gott sey Dank! der letzte Durchmarsch von den Türken hat mich freilich sehr mitgenommen. Da sie kamen, lief ich für Angst in die Kirche, schloß hinter mir zu, und kroch hinter die Pfeiffen in der Orgel; da mir aber salsa fenia einfiel, daß ich meine Gemeine nicht verlassen dürfte; so wollte ich doch wenigstens den Durchmarsch aus dem Thurmloche mit ansehen. Daß dich der Hammer! was waren das für Kerls. Die meisten sahen aus wie die heiligen drei Könige, welche in unserer Kirche abgemahlt sind. Rothe Brustläze, Hosen bis auf die Schuh, schreckliche Bärte, Gesichter wie die Mohren! Ich schlug ein Creuz nach dem andern vor

mir;

mir; betete und sprach: Herr stürz sie in die Grube hinein.

Die sie machen den Christen dein.

Zum guten Glück blieben sie nicht im Dorfe, sondern zogen zur Mistgasse hinaus; wohin? weiß ich nicht. Einer war dabei, der saß in einer Kutsche. Niemals habe ich einen so gottlosen Bart gesehen, als der Kerl hatte. Er bedeckte seinen ganzen Leib: und ich glaubte ganz gewiß, daß er wegen diesen schweren Barte müßte gefahren werden. Mein Herr Pfarr sagte mir nachhero, es wären Createn, und keine Türken gewesen; der Schulze aber behaupte, es wären Panduren. welches beides ich an seinen Ort gestellt seyn lasse.

Noch ein Punkt, welchen ich gleich Anfangs melden wollte. Unser gnädiger Herr, Ihr Herr Vetter, will auf seinem Schloß eine Orgel bauen lassen, und zwar in das Musiczimmer, wie ers nennt; welche ich denn, wenn er Concert halten würde, spielen sollte. Ich kam freilich aus meiner Gelassenheit, da er mir diesen Antrag that, und diesem meinen Eifer ist auch folgende Antwort beizumessen. Hören Sie, was ich sagte: Gnädiger Herr, die Orgeln haben schon seit der Sündfluth in die Kirchen gehört, und nicht auf die Edelhöfe. Wer nun solche heilige Dinge misbraucht, der thut eine Sünde wider das dritte Gebot, und folglich auch wider alle: wir haben ohnedem eine Landstrafe nach der andern; (hier zielete ich unvermerkt auf die garstigen Türken, welche durchs Dorf giengen) wollen wir noch mehrere Sünde thun, und gar bei Gastereien die Orgel schlagen? An Statt, daß er in sich gehen, und von seinem bösen Vorhaben abstehen sollte; so lachte er mich nur aus, und sagte: daß Hr. Grandison in Engelland auch eine Orgel im Hause hätte: was jenem Recht wär, das wär ihm billig, und er müßte eine Orgel im Hause haben, es möchte auch kosten, was es wollte. Was soll ich nun machen, mein lieber und gestrenger Junker? Unser gnädiger Herr ist ganz gewiß ein Heide worden. Haben die Edel-

leute

leute in Engelland Orgeln, so mögen sie solche für sich haben, wir sollen uns hierinne aber christlicher aufführen. Es sind ohnedem die letzten Zeiten, wie unser Herr Pfarr spricht, da alle Laster im Schwange gehen, und also nothwendig allerlei Landplagen erfolgen müssen; wohin ich auch die garstigen Türken rechne, die durchs Dorf zogen, mir zwei Gänse todtschmissen und mitnahmen, meinem Nachbar sein Schwein ungerechnet: Wenn wir nun die Kirchensachen misbrauchen, und auf den adelichen Höfen in Musiczimmern orgeln wollen; was soll zuletzt daraus entstehen? Ich orgele nicht, und sollte er mir auch meinen grauen Kopf vor die Füße legen lassen. Melden Sie mir doch, gestrenger Junker, was es mit der Orgel des Herrn Grandisons in Ansehung der Register und Bässe für eine Beschaffenheit habe. Der Pfarr hat zwar noch nichts davon auf der Kanzel gesagt, ich glaube aber, er bricht gewiß einmal damit hervor, wenn das Werk zu Stande kommen sollte; oder weiset unsern gnädigen Herrn vom Beichtstuhl ab. Orgeln gehören in die Kirche! damit holla. Eurer Gnaden wünsche viel Glück und Segen, und bin mit aller Zucht und Erbarkeit

Eur. Gestrengen

demüthiger und Ehrendienstwilliger
Lorenz Lobesan,
p. t. ludimoderator.

XI. Brief.

Der Herr v. N. an den Herr v. S.

N. hall, den 10. Julius.

Lieber Vetter,

Ich habe Ihren letzten Brief richtig empfangen. Ihre Nachrichten haben mich entzückt, so, daß ich wieder jung wie ein Adler werde. Wenn meine Schwester mich nicht mit thränenden Augen gebeten hätte; so wäre ich, statt dieser Antwort, in Person nach Grandisonhall gekommen. Ich war schon reisefertig. Jeremias sollte mich

nebst

nebst dem Magister begleiten, und ich wollte meine Tour über Hamburg nehmen. Aber, wie gesagt, meine Schwester, der alte Wurm, Lampert, der Pfarr und die ganze Gemeine bekamen von meinem Anschlage Wind: sie vereinigten sich miteinander, und baten mich auf den Knien, keine solche gefährliche Reise in meinen alten Tagen zu unternehmen. Was sollte ich machen? Ich konnte nicht widerstehen; und solchergestalt werde ich nun wohl hier bleiben.

Sir Carl hat mir durch die ausgebrachte Gesundheit viel Ehre erwiesen. Ich habe sie schon zehenmal nachgeholt. Einem solchen Ball möchte ich einmal beiwohnen, wenn die verdammten Englischen Tänze thäten: denn ich tanze weiter nichts, als die Menuet und deutsch. Sie hätten Sir Carln meine Ungeschicklichkeit in der Music nicht entdecken sollen; er wird mich nunmehro verachten. Ich will aber auch der Noth ein Ende machen. Wissen Sie wohl, daß ich die alte Orgel aus der Daasdorfischen Kirche gekauft habe? Ich habe sie für dreißig Gulden erstanden,

standen, und in die Kinderstube, oder besser, in mein Musiczimmer setzen lassen. Der alte Schulmeister machte mir zwar anfangs allerlei Hasensprünge, und wöllte bei unserm Concert nicht spielen; so, daß ich ihn einmal bald zum Dinge hinaus gepeitscht hätte: er besonn sich aber noch zu seinem Glücke, und orgelte. Die Claves kann ich bereits miteinander. Schicken Sie mir nur Alexanders Gastmahl von Händeln; dieses Stück will ich zuerst lernen.

Ich hätte bei der Jagd vom 6ten Junius seyn mögen! das muß ein verdammter Hund seyn, wenn er Schweine von sechs Centnern halten kann. Wenn Fresco eine Bätze ist: so lassen Sie sich einen jungen Hund geben, wenn er heckt, und bringen ihn mit herüber: damit ich die Race auch bekomme. Was hat aber Doktor Bartlett auf der Jagd zu thun? Er wird ein andermal wegbleiben, denke ich; es wär indessen Mordschade um den alten Kerl gewesen: zumal, da er sich sowohl in Sir Carls Humor schicken, und die Mägde und Knechte fromm machen kann.

In

In diesem Punkte kann ich Lamperten noch nicht recht brauchen: denn er demonstrirt den Mägden ihre Pflicht so undeutlich, und zuweilen gar lateinisch, daß sie kein Wort davon verstehen. Wenn ich aber mit der Peitsche hinter sie komme: so überzeuge ich sie besser, als wenn der Magister zehen Predigten hielt. Im Vertrauen, ich studire, nunmehro auf eine Reise nach Italien, um Clementinen abzuholen, wenn sie anders noch ledig ist, und den verwünschten Belvedere nicht hat nehmen müssen. Unser Barbier soll mit mir gehen und den Jeronimo recht auscuriren: denn Lowther scheint mir nicht so tacktfeste zu seyn, als unser Niclas. Clementine wird nachhero meiner Liebe aus Dankbarkeit Gehör geben, daß ich ihrem lendenlahmen Bruder geholfen habe. Die Religion soll mir nicht lange im Wege stehen, ich würde wohl ein Türke, wenn ich Clementinen zur Frau bekommen könnte. Erkundigen Sie Sich doch unter der Hand, wie die Sachen in Italien stehen? ich lese zwar den Courier und den Staatsboten; ich finde aber niemals ein

Wort

Wort von der Hochzeit der Clementine darinne; folglich muthmase ich, daß sie noch ledig ist. Ich erwarte eine Antwort von Ihnen mit Verlangen, und bitte meine Empfehlung an Sir Carln und seine Henriette zu machen von

Ihrem

getreuen Oncle.

XII. Brief.

Fräulein Amalia an ihren Bruder.

Kargfeld, den 13ten Junius.
Nachmittags um 4 Uhr.

Ich bin sehr neugierig, welchen Ausgang die Thorheiten unsers Oncles nehmen werden? Gegenwärtig erfordert eine Reise nach Italien seine ganze Anfmerksamkeit. Ein Brief von dir wird der Sache den Ausschlag geben. Lebt die Clementine noch unverheirathet; so geht er hin, und nimmt

sie

sie dem Graf von Belvedere vor der Nase weg. Ich muß dir eine ganze Unterredung zwischen ihm, seiner Schwester, mir, dem Magister, dem Barbier und seinem Jeremias mittheilen: daraus du seinen Anschlag ganz deutlich erkennen kannst. Ein Glas Wein hatte seine Lebensgeister rege gemacht.

Amalia. Lieber Herr Vetter, warum wollen Sie uns verlassen? wir lieben Sie wie unsern Vater, wir werden uns grämen, wenn Sie so weit weggehen; ja, wir würden für Bekümmernis sterben, wenn Sie unterwegens ein Unglück haben sollten.

v. N. Hören Sie auf zu winseln. Sie machen die Sache dadurch noch nicht anders. Soll ich unverheirathet sterben? nicht wahr, das wäre recht für euch? Nein! daraus wird nichts. Wie, sollte ich ein Unglück nehmen? Ich gehe in meinem Beruf, und das ist das beste.

Amalia. Ich dächte, Sie hätten vielmehr einen Beruf, hier bei den Ihrigen zu blei-

bleiben, um eine hieländische Lady glücklich zu machen. Gefällt Ihnen denn kein Frauenzimmer hier?

v. N. Es sind schon Mädchens hier; aber keine Clementine. Sie haben ja ihre Geschichte gelesen: sagen Sie mir einmal, welches Fräulein man mit ihr vergleichen könnte?

Amalia. Sie ist nach meiner Meinung stolz und gar zu abergläubisch. Ich will also keine Vergleichung anstellen.

v. N. Das sind bei einer Clementine keine Fehler: bei euch Jungfern aber würde ich beides nicht leiden können.

Amalia. Nun, das heiß ich erzverliebt . . . Wenn man die Fehler eines Mädgens für Schönheiten hält, blos weil sie eine Ausländerin ist.

v. N. Ja das thu ich, und ich werde mich meiner Liebe niemals schämen. Wer Clementinen liebt, thut sich selbst hervor.

Amalia. Noch eins, Herr Oncle, Clementine ist eifrig römisch katolisch. Sie wird also jeden Protestanten abweisen. Nehmen Sie ein Beispiel an Sir Carln.

v. N. Sir Carl war zu gewissenhaft. Man muß die Sache nicht so genau nehmen. Hätte er Ernst gebraucht: so wär sie damals die Seinige geworden.

Amalia. Sprechen Sie doch lieber wegen diesen Punkte mit Ihrem Pfarr, und hören, was er sagt.

v. N. Nein, das mag ich auch nicht. Er würde freilich Ihrer Meinung seyn; aber mit seiner ganzen Polemic nichts ausrichten. Was soll sich der alte Mann vergeblich bemühen.

Amalia. Sie sind ein sehr entschlossener Mann. Der Himmel verhüte nur, daß nicht etwa der General : : :

v. N. Wer? der General? dem will ich den Kopf schon zurechte rücken. Mir hätte er nicht so naseweis, wie Sir Carln, kommen dürfen; ich hätte ihn garstig abführen wollen. Ich fürchte mich für keinem Feldmarschall, vielweniger für einem General. Laß ihn nur herwachsen, ich will ihm nicht aus dem Wege gehen. Wär ich wohl werth, ein Grandison zu heißen, wenn ich mich für einem solchen Bramarbas fürchten sollte?

Amalia. Ich weiß, daß Sie Muth haben; aber die Herzhaftesten können zuweilen unglücklich seyn. Belvedere würde sich ganz gewiß mit ihm vereinigen.

v. N. Belvedere? der Pursch soll bald Reißaus geben. Ich werde ihn nicht wieder mit Complimenten nach Hause schicken, wie Grandison: nein ich will ihn auf den Pelz brennen, daß er zeitlebens daran denken soll.

Magister. So lange noch Vorschläge zur Güte gethan werden können, so lange muß man keine Gewalt brauchen. Ich habe schon zwo lateinische Reden, et quidem stylo Ciceroniano, ausgearbeitet, davon ich eine an den alten Marggrafen, die andere aber an den General halten will. In beiden ist die Sache pro und contra untersucht, und ich denke, wir wollen die ganze Familie gewinnen.

v. N. Bravo, mein alter ehrlicher Magister! Sie werden Sich doch hoffentlich mit dem Pater Marescotti vertragen können?

Magister. Wer? ich? ein zweiter Doktor Bartlett sollte sich mit so einem Mann in Zänkereien einlassen? Wir wollen wie Brüder leben, und alle die Weine kosten, in welchen sich Horaz sonst derb besoffen hat.

v. N. Packen Sie unterdessen ein. Sie brauchen nur ein Kleid, ein schwarzes denke ich.

Magister. Sonst keines. Ich reite den Schimmel.

Amalia. Sie können sich für einen von den preußischen Todtenköpfen ausgeben, und in ganz Welschland ein Aufsehen machen.

Zweiter Auftritt.

Jeremias, Meister Niclas, die vorigen.

Jeremias. Gnädiger Herr, Meister Niclas ist da, soll er herein kommen?

v. N. Ja, laß ihn herein kommen. : : : : Wo bleibst du alter Quacksalber so lange? Habe ich dich nicht bereits vor drei Stunden rufen lassen?

Niclas. Verzeihen Sie, gnädiger Herr, es ist heute Sonnabend, ich habe erstlich die ganze Gemeinde geschoren, und dem Cantor sein Fontenell verbunden.

v. N. Du hast immer viel zu thun. Weißt du was, alter Meister Salpeter, du sollst eine kleine Reise mit mir thun.

Niclas. Ganz gerne, gnädiger Herr, wir kommen doch morgen Abends wieder?

v. N. Das gehört nicht zur Sache. Verstehst du, einen alten Schaden recht aus dem Fundamente zu curiren?

Niclas. Aus dem Fundamente. Ich habe noch letztlich dem Schäfer eine Fistel zugeheilt.

v. N. Ich höre, du bist ein geschickter Kerl. Pack deine Zangen, Sägen, Hacken, Pflaster, Salben und Büchsen zusammen

ein;

ein; leg deine gute Hosen und etliche Hemden zurechte, daß du alle Stunden aufbrechen kannst. Den Tag kann ich dir noch nicht sagen; aber ich erwarte dieserwegen einen Brief: alsdenn sollst du Nachricht davon bekommen.

Niclas. Ihr Gnaden werden mir doch den Ort sagen, wo Sie hin wollen?

v. N. Nach Bologna, wenn du weißt, wo das liegt.

Niclas. Nein, das weiß ich nicht. Wie viel Stunden liegt der Ort von hier?

v. N. Tummer Teufel! frag lieber, wie viel hundert Meilen. Hast du niemals was von Italien gehört?

Niclas. Bewahr mich Gott für Italien! da wohnt ja der Pabst! Nein, dahin bringt mich kein Mensch.

v. N. Der Pabst wird dich alten Esel nicht fressen. Mach mir nur keine Schwürigkeiten. Du mußt mit, und wenn ich auch in die Türkei gieng.

Niclas. Gnädiger Herr, was würde meine Frau sagen? Ich dürfte ihr nicht wieder unter die Augen, wenn ich so weit weg gieng.

v. N.. Hat deine Frau auch ein Votum bei der Sache? Die kann ganz ruhig seyn, und Statt deiner die Bauren im Dorfe scheeren.

Niclas. Ja, das könnte sie einiger masen: sie schiert aber Niemanden sonst, als mich, und das zwar alles privatim, damit es die andern Barbier nicht erfahren und mich strafen.

v. N. Höre, Wurm, kann deine Frau mit deinem Bart zurecht kommen; so kann sie es mit andern Männern ihren Bärten auch. Mach nur keine Weitläuftigkeiten, du bist mir bei dieser Reise unentberlich; denn du sollst einen vornehmen italienischen Herrn curiren. Ich will dich reich-

reichlich bezahlen, und es auch einstens deinen Kindern genießen lassen.

Niclas. Alles gut. Wenn es nur nicht zu weit wär. Ich scheue mich für dem Wasser, als wenn mich ein toller Hund gebissen hätte. Ach! ich glaube, ich wäre des Todes, wenn ich über das rothe Meer fahren sollte.

v. N. Da kömmst du nicht hin. Gesetzt aber, wir wären genöthiget, über ein Wasser zu setzen: so verbinde ich dir die Augen mit einem Schnupftuche, damit du nichts siehst. Weißt du es nicht, wie mans mit den Pferden macht? Ich bin müde, deine Ausflüchte weiter anzuhören. Willst du nicht mitgehn; so sollst du so lange ins Hundeloch kriechen, bis ich wieder zurück komme.

Magister. Geht doch mit, alter wunderlicher Mann. In Italien wächst guter Wein, dort könnt ihr euch was bene thun.

Niclas. Ehe ich ins Loch krieche, so reise ich freilich mit. Aber ich kann so weit nicht gehen.

v. N. Wer sagt, daß du gehen sollst. Du sollst mein Maulthier reiten. Geh nur hin, bis ich dich wieder rufen lasse. Du, Schwester, wirst indessen meine Wäsche und meine Kleider zurechte legen: damit ich, wenn der Brief aus Engelland kommt, sogleich aufbrechen kann.

Fr. Kunigunda. (mit kläglicher Stimme.) Ich will es thun, aber, wollte der Himmel, daß ich dieser Arbeit überhoben seyn dürfte. Du bist schon bei Jahren, lieber Bruder, und willst noch heirathen, und zwar ein katholisch Mädchen.

v. N. Das hab ich wohl gedacht, daß du deine Klagelieder auch anstimmen würdest. Du wirst doch zeitlebens so eine alte Wehklage bleiben. Ein Wort so gut als zehen, laß dieses die letzte Erinnerung seyn, die du mir gibst. A propos, meine Sammethosen will ich auch mitnehmen. Laß sie rein auskehren, und wo etwa hier oder da ein Wurmstich zu finden wär, so nehe es fein sauber zu.

Amalia. Auf solche Art werden der Herr Oncle recht galant erscheinen?

v. N. Ja, das werde ich auch, ohne Ruhm zu melden, thun. Was soll ich viel Federlesens machen? Ich will dem Mädchen so zusetzen, daß sie bald Chamade schlagen soll.

Amalia. Was werden unsere Freunde in Schönthal sagen, wenn sie Ihre Absicht erfahren?

v. N. Die haben nichts darein zu reden. Ich bin mündig. Jetzo ists noch Zeit zu heirathen, da ich in meinen besten Jahren bin: Warte ich noch länger, so tauge ich hernach gar nichts mehr. Ich denke ohnedem, ich will mir das verdammte Podagra durch den Ehestand vom Halse schaffen.

Magister. Sie haben recht. Wär ich an Ihrer Stelle gewesen: so hätte im achtzehenden Jahr geheirathet.

v. N. Da giengs bey mir noch nicht an; da war ich im Felde und half die Franzosen schlagen.

Amalia. Warum haben aber der Herr Oncle so lange gewartet?

v. N. Ich weiß selbst nicht. Hätte ich Clementinen eher kennen lernen, so wär ich vielleicht schon lange ein Papa. Nun solls aber auch desto schärfer gehn.

Amalia. Wollen denn aber der Herr Oncle Clementinen Ihr wahres Alter sagen? Ich befürchte, sie macht Einwendungen. Denn nach aller Wahrscheinlichkeit ist sie etwa 28. Jahr.

Magister. Hier muß pia fraus gespielt werden. Sie sind munter und gesund; Sie kennen sich immer für einen vier und dreissigjährigen Herrn ausgeben.

v. N. Macht euch beide keinen Kummer. Nach meinem Alter wird Niemand fragen. Zum Ueberfluß aber will ich meine Brille zu Hause lassen.

Magister. Das muß ohnedem geschehen. Wollen Sie nach etwas sehen: so nehmen Sie das Perspectiv. Der Himmel verhüte

hüte nur, daß Sie das Podagra in Italien nicht bekommen.

v. N. Es wäre freilich ein alberner Streich: aber ich denke, das Podagra soll kein Narr seyn, und mich mit der Liebe zugleich plagen. Meine Beine werden dort andere Dinge zu thun haben, daß sie also daran nicht denken werden.

Kunigunda. Ach wer weiß, ob ich dich in meinem Leben wieder sehe, wenn du so weit weggehest!

v. N. Sey unbekümmert, alte Tante Lore. Siehst du mich hier nicht wieder: so geschiehet es dort, wenn du nicht par hazard in die Hölle fährest.

Kunigunda. Rede nicht so unchristlich, Bruder! Wenn alle verliebte Leute so sind wie du, so will ich in meinem Leben nicht verliebt werden.

v. N. Ja, es wäre Zeit, wenn du im 56ten Jahr noch verliebt würdest.

Ama-

Amalia. Plagen Sie doch meine redliche Tante nicht! Sie besitzt das beste Herz. Sie ist um Sie wegen der Reise besorgt.

v. N. Die Sorge kann sie sparen. Komm ich glücklich zurück, so soll sie eine neue Saloppe und ganz neuen Casper kriegen. Alsdenn wirst du aussehen, wie die Marquise von Pompadour.

Kunigunda verneigt sich vor ihrem Bruder.

Amalia. Mich müssen Sie nicht vergessen, Herr Vetter, ich bin eine starke Liebhaberin von welschen Galanterien.

v. N. Ihnen will ich den Jeronimo mitbringen, wenn ihn Niclas recht auscuriren kann. Die Partie wär so uneben nicht: habe ich erstlich Clementinen weg, so läßt sich ihr Bruder vielleicht überreden, und begleitet mich hieher.

Amalia. Ja, das wär vortreflich! Alsdenn wollten wir schon bekannt werden. Allein, ich möchte doch nicht gerne einen Mann, der schon so viel Maitressen gehabt hätte.

v. N.

v. N. Ihr Mädchens müßt nicht so eckel seyn. Ein Cavallier kann schon einige Maitressen haben, und sich dennoch seiner Gemahlin für einen Junggesellen verkaufen. Ich war in meinen jüngern Jahren auch nicht von Holz.

Amalia. So recht! das sollten der Herr Oncle gar nicht erzählen. Ich habe Sie noch immer für einen reinen Junggesellen gehalten.

v. N. Sie werden auch nicht krank werden, wenn Sie es noch thun. Clementine muß indessen nichts davon wissen. Hab ich sie einmal weg, so mag sie hernach erfahren, was sie will. Wir wollen aber aufhören zu discuriren. Ich will mich heute einmal recht lustig machen. Jeremias! lauf zum Cantor, und sag, daß heute Concert gehalten würde. Er soll um 6. Uhr zu mir kommen und noch ein paar Adjuvanten mitbringen. Reizend, sanft, in Lydischen Thönen, zum Gefühle stiller Lust ꝛc. soll es heute gehen. O du angenehme

nehme Dulcinea von Bologna! tausend Ducaten wollt ich darum geben, wenn du heute hier wärest. Pereat Belvedere tief! (zum Jeremias) Stehst du noch hier, wie eine Säule? Geh, und ruf den Cantor, sag ich.

Jeremias. Gleich, gleich, ich wollte nur ihre Rede ganz anhören.

v. N. Das war nicht nöthig. Der erste Theil gehörte nur für dich, Bube.

Hast du also etwas nach Italien zu bestellen, so wird dir unser verliebter Herr Oncle dienen können. Er nennet es seine geheime Expedition; er will sie aber glücklich ausführen. Welch eine Reisegesellschaft! der Magister schickt sich zu ihm, und er zum Magister: Jeremias aber schickt sich zu beiden. Der Oncle ist voller Verlangen, einen Brief von dir zu bekommen. „Hört! was ich sage, spricht er, ihr müßt euch die Sache recht „soldatisch vorstellen. Zeithero habt ihr Pulver auf die Pfanne gethan, geladen, und den „Ladestock wieder an seinen Ort gebracht. „Heute

„Heute schrie ich: Hoch schlagt an; kommt „der Brief aus Londen; so rufe ich weiter „nichts, als Feuer! und denn gehts los. Je„remias muß noch einmal mit dem schelmi„schen Barbier reden, damit der Schlingel „nicht erst sich zur Ladung schwenket, wenn „ich fort will.

Was fangen wir mit unserm Oncle an? Nichts fehlt, als daß er noch auf solche Abentheuer ausgeht. Ich weiß gewiß, jeder Schritt von hier bis nach Bologna würde mit einer recht besondern Thorheit bezeichnet. Allein das muß nicht geschehen. Wie wird er sich anstellen, wenn du ihm die Vermählung der Clementine schreibest? Ich denke aber, er hat einen neuen Entwurf im Kopfe, der jenem an Schönheit nichts nach gibt.

Abends um 6. Uhr. Die Adjuvanten sind da; der alte Cantor auch, im Mantel, als wenn er zur Hochzeit bitten wollte. Der Magister hat ihm seine Zweifel wegen den Orgeln benommen, oder besser: unser Oncle wollte den alten ehrlichen Mann prügeln.

Alle

Alleweile höre ich, daß er ihm auf dem Saale einen Unterricht wegen des Spielens gibt: „Höre er, Herr Schulmeister, er muß ein wenig flüchtiger werden auf der Orgel. Die „Finger sind so steif, wie die Trommelstöcke. „Habt ihr etwa in euren jüngern Jahren die „Daumenschrauben bekommen? „Ach, Ihr „Gnaden, ich bin ein ehrlicher Mann; ich „bin niemals auf der Tortur gewesen, wie „man sagen möchte.

„Sie sind ein alter Narr. Was wär „daran gelegen, du bist kein Erzbischoff, Herr „Schulmeister, nicht wahr? Vernehme er, „was ich sage. Führt mir keine Kirchenstü„cke mehr auf = = denn das schickt sich nicht. „Das letzte fieng sich mit einer Fuge an = = „mir deucht, ich hätte es an der Kirmse in „der Kirche gehört. „Gnädiger Herr, ich „habe freilich keinen großen Vorrath: al„lein heute wollen wir ein Trio machen, „und alsdenn einige Menuets und Polo„noisen zum Tanzen; da wird aber nicht „dazu georgelt.

„Nein

„Nein, das versteht sich. Wenn ich Ale-„xanders Gastmahl aus Engelland bekom-„me: so lassen Sie es Ihren Adjuvanten ler-„nen. Verstehst du mich wohl?„ Gerne, gerne. Der Magister hat Hanngen anbei geholt, und also werde ich wohl mit tanzen müssen. Ich will also dieses mal meine Feder niederlegen, dir aber noch sagen, daß ich dich allemal lieben werde.

Amalia v. S.

XIII. Brief.

Fräulein Amalia an ihren Bruder.

Schönthal den 27 Junius.

Ich habe unserm Schwager beinahe einen Gewissenspunkt daraus gemacht, daß er uns alle verleitet hat, unserm Vetter eine Sache vorzuschwatzen, die ihn noch vielen Verdrüßlichkeiten aussetzen kann. Er ist gleichwohl unsrer Mutter Bruder, wir sollten es nicht gethan haben. Mein Schwager hat keine Lust von seinem Vorhaben abzustehen, und glaubt das Recht zu haben, ihm etwas aufzubürden; weil unser Oncle seit vielen Jahren ihm von seinen Heldenthaten Unwahrheiten gesagt hätte. Wenn er in seiner Oeconomie dadurch Schaden litte, will der Baron solchen wieder gut machen. Den Gewissenspunkt bei Seite gesetzt, so ist nicht zu leugnen, daß der Oncle und der Magister uns so viel lächerliche Auftritte, in dem Nachspiele des Grandisons liefern, daß wir uns keinen bessern Zeitvertreib wünschen könnten. Wenn ich diese beiden Leute auf der einen Seite ansehe, so sind sie wirklich gebessert: betrachtet man sie aber von der andern, so scheinet es, daß ihr Bisgen Verstand ganz und gar ausgedunstet ist.

Mein Vetter hatte sonst etwas im Fluchen gethan, man konnte ihn stark darinne nennen. Seine neuerfundenen Schwüre und Flüche, die oft Niemand dafür ansahe, wenn es nicht der Nachdruck seiner Stimme und die Gelegengenheiten, bei welchen er sie vorbrachte, zu erkennen gegeben hätte, sind alle auf einen Tag abgeschaffet worden. Der Magister, ein gewaltiger Feind aller unnützen Worte, war nicht damit zufrieden, er bewies aus einem lateinischen Kochbuche, wie ich glaube, daß man die Natur nicht auf einmal zwingen müßte. Der Oncle blieb demohngeachtet bey seinem Vorsatze und bat Herr Lamperten, ihn freundlich zu erinnern, wenn ihm ein Wort entführe, das einem Fluche oder Schwure ähnlich sähe. Er versprach, für diese Bemühung dankbar zu seyn, und dieses versprach er mit einem ihm eigenem Witze. Herr Lampert, sagte er, wenn er so ein garstiges Thier, als ein Fluch oder Schwur ist, bei mir ansichtig wird; so sei er so gut und hasche er mir es vor dem Munde weg. Er kann es in seiner Schreibtafel, oder in seinem Gedächtnißkasten verwahrlich aufbehalten; wenn wir allein sind, so soll er mir die Ungeheuer nach einander ausliefern, und für jedes einen Dreier baar Geld empfangen. Einige mal, besonders letzthin, da der Hauptmann von Hagebusch in Kargfeld war, und seine Weidesprüche schwadronenweise anrücken ließ, kam der Oncle in die Hitze, und donnerte so gewaltig mit Flüchen und neuen Schwüren, daß der gute Lampert nicht geschwinde genug im Schreiben nachkommen konnte, und ihm manchen Dreier schenken mußte. Den Magister nennt er seinen väterlichen Freund, obgleich unser Oncle um ein Mandel Jahre älter ist. Jetzt muß ich abbrechen. Der Wagen ist angespannt; wir fahren hinüber zu unserm Vetter. Heute Abend wird ein Feuerwerk abgebrannt. Die Ursache davon solltest du wohl nicht errathen. Es geschiehet dem Grandison und seiner Henriette zu Ehre. Es ist heute unsers Wissens weder ihr Namenstag noch ihr Geburtstag; es ist aber gutes Wetter, und es kann doch durch ein solches Festin die Ehrfurcht, welche man hier für den Namen Grandison und Henriette hat, am besten zu Tage geleget werden.

Den 28ten. Gestern, da wir vor dem Edelhofe unsers Vetters Abends um 6 Uhr eintrafen, wurden wir von ihm im Galakleide empfangen und in den Speisesaal geführet, wo wir den Herrn v. W. seine Gemahlin und Fräulein Julgen fanden. Der Pastor Wendelin, dessen Tochter Jungfer Hanngen, in die der Magister aufs äußerste verliebt ist, der junge Wendelin, ein Student, Junker Gangolph, der Förster und die Personen vom Hause waren alle da. Ueber Tische wurde beinahe von nichts als von dem Feuerwerke gesprochen, das der Magister nach morgenländischem Geschmack entworfen haben wollte. Die neidische Frau v. W. schnitt auf ihre fromme Stieftochter bei Tische immer sauere Gesichter. Sie hätte in der That mehr Ursache, stolz auf diese gefällige artig gehorsame Tochter, als neidisch und gebietherisch gegen sie zu seyn.

Bei der zwoten Tracht holte der Magister Grandisons Geschichte, unterdessen da die Bedienten abtrugen, las er einige Blätter; die Stelle handelte von dem Heiratsvergleiche des Grandisons und der Clementine. Mein Oncle brachte die Gesundheit seines Helden aus. Jedermann holte sie nach, bis auf dem Pastor Wendelin.

Ich werde mich nie bereden lassen, die Gesundheit eines Mannes zu trinken, der im Stande ist, seine Kinder, sein eigenes Fleisch und Blut dem Moloch aufopfern zu wollen.

Dem Magister starb der Bissen im Munde. Seine Augen wurden so groß wie Brenngläser. Wie so, mein Herr Pastor, wie so?

Wie so? Was ist das für eine Frage von Ihnen, mein Herr Magister! Haben Sie uns nicht eben jetzo vorgelesen, daß der Engelländer, von dem die Geschichte handelt, sich kein Bedenken machte, wegen einer Weibesperson, die er liebte, seine mit ihr zuerzielenden Töchter katholisch erziehen zu lassen? War das christlich, war das vernünftig, ich will nicht sagen väterlich? Nein, ich kann die Gesundheit eines Ketzers, eines Syncretisten unmöglich nachholen.

Was? Sir Carl ein Ketzer? - Ein Syncretist? Wo denken Sie hin, mein Herr Pastor?

Pastor? Sir Carl macht seiner Religion Ehre. Ich hätte Lust, ihn eine Säule der protestantischen Kirche zu nennen.

Wo nehmen Sie den Muth her, Herr Magister, einem solchen Ketzer, als dieser Engelländer ist, das Wort zureden? Ich will Ihnen nur kurz meine Meinung eröffnen, was ich von Leuten, die Ketzer vertheidigen, halte. Ponamus casum: Es wollte Jemand mein Hanngen hier haben, der einer andern Religion beigethan wäre, mit der Bedingung, daß die Söhne in der Religion des Vaters und die Töchter in der Religion der Mutter erzogen würden, und wenn es ein Graf wäre, so würde ich sie ihm versagen; ja, ich würde sie einem jeden rund abschlagen, von dem ich nur argwohnete, daß ihm der geringste ketzerische Gedanke im Kopfe stäcke. Ja ja, das würde ich gewiß thun, bei meiner Ehre. (Er sahe den Magister an.)

Herr Lampert wurde feuerroth. Der Oncle mochte ihm winken, ihn treten und ihm zurufen wie er wollte, er möchte doch den Grandison nicht im Stiche lassen, es half nichts. Er nahm ein Kelchglas und sagte einen seiner weisen Sprüche: Beim Schmausen darf man nicht streiten, so heist er auf deutsch. Er trank Hanngens Gesundheit. Der Streit wurde durch Aufhebung der Tafel geendiget.

Die ganze Gesellschaft begab sich in den Garten, das Feuerwerk zu sehen. Zween Adjuvanten hatten sich mit ihren Waldhörnern an den Eingang des Lusthauses gestellet. In Ermangelung der Paucken schlug Junker Gangolph die Trommel darzu. Der Student hatte die Ehre als ein Fremder die Canonen, welches ein paar alte Flinten mit deutschen Schlössern waren, los zu brennen. Die Bedienten vom Hause mußten laden, dann und wann eine Salve aus dem kleinen Gewehr geben, das waren die Pistolen unsers Oncles. Er war deswegen genöthiget, das Signal mit seiner Kugelbüchse zu geben.

Herr Lampert sagte, mit einer stolzen Mine: Mit ihrer Erlaubniß, allerseits höchstzuverehrende Anwesende, werde ich Ihnen mit einem

einem Lauffeuer von meiner Erfindung aufwarten.

Den Augenblick erschienen ein halb Dutzend derbe Bauerjungen, mit Hüten von Pappe, auf welchen ein langes Stück angefeuchtete Pulvermasse befestiget war, und liesen in einer Entfernung von uns durch einander, in die Runde und in die Quere.

Wir jungen Leute konnten es unmöglich unterlassen, in ein lautes Gelächter bei diesem Anblick auszubrechen. Mein Schwager beredete unsern Oncle, es wäre dieses ein Zeichen unsers außerordentlichen Vergnügens, daß wir über die Erfindung des sinnreichen Magisters empfänden. Er schien damit befriediget zu seyn.

Die zweite Scene bestund in einer Lampenerleuchtung. 48 Oellampen, die hochadlichen und die aus der Pfarre mitgerechnet, welche in dem Dorfe mit Mühe und Zwang waren zusammen geborget worden, erleuchteten die Allee. Am Ende derselben prangete die schwarze Tafel des Magisters.

Er verkündigte uns, daß der Name des edelsten Paares unter der Sonne im Feuer brennete. Wir verfügten uns mit vieler Sorgfalt durch die feurige Allee. Wir machten uns so schmeidig als es möglich war, um nicht eine rachgierige Lampe umzustoßen, die uns diese Beschimpfung gewiß durch einen gräßlichen Oelfleck würde vergolten haben. An der Tafel, woran noch einige hebräische Charakters kenntlich waren, fanden wir die Buchstaben

VIVANT

C. G. et H. B.

in saecula saeculorum.

von vergoldetem Pappier ausgeschnitten, angeklebet, und rund herum mit Lampen bespicket.

Nach einigen Freudenschüssen und einem lauten Vivatgeschrei verfügten sich alle Anwesende nach Hause. Ich fürchte mich in der Nacht zu fahren; ich schlief deswegen zu Kargfeld. Tante Kunigunden hatte das

Feuer-

Feuerwerk über alle maßen gefallen, vielleicht weil es so wenig kostete und doch einen so vornehmen Namen hatte. Unsern Oncle habe ich nie so munter gesehen als damals. Der Magister hat sich durch seine kluge (thörigte hätte er sagen sollen) Erfindung einen rechten Stein bei mir heute ins Bret geworfen. Herr Lampert, er ist, mein Seele! ein verschlagener Kopf, ohne daß er deswegen braucht die Treppe hinunter zu fallen.

Früh gegen 5 Uhr jagte mich ein unvermutheter Lerm aus dem Bette; ich dachte nicht anders, es wäre Feuer im Hause. Ein Haufe Bauerweiber schmissen sich im Edelhofe um ihre Lampen; sie waren verwechselt worden; ungeachtet der kluge Lampert jede mit den Namen der Eigenthümer bezeichnet hatte. Um zehn Uhr Vormittage ließ mich mein Schwager in seinem Wagen abholen, um mit ihm und meiner Schwester nach Wilmershausen zu fahren. Der Herr von W. hat uns gestern zu sich eingeladen. Unsern Oncle finden wir nicht da, er hat sich wegen Kopfschmerzen, die

die ihn sein gestriger Rausch zugezogen hat, entschuldigen lassen. Es ist Zeit in den Wagen zu steigen, meine Schwester hat schon eine halbe Stunde auf mich gewartet. Erfreue bald durch deine Briefe

Deine

Amalia v. S.

XIV. Brief.

Der Magister Lampert an den Baron v. S.

Kargfeld, den 14. Julius.

Tandem bona caussa triumphat! Dieses, zwar nicht seltene und rare; aber doch jederzeit wahre Symbolum, welches jener Prinz auf seine Münzen schlagen ließ, ist endlich auch einmal an mir wahr worden. Es giebt einen Grandison, es giebt eine Henriette Byron; es sind keine Feyen Vorstellungen, keine Hirngespinste; wir haben

ben gewonnen! Jedermann war vor kurzem wider mich; jedermann ist nun mit mir einerlei Meinung. Mein gnädiger Patron, der außerordentlich vergnügt ist, daß unsere Wahrscheinlichkeiten unumstößliche Wahrheiten worden sind, beschäftiget sich nebst mir in der Nachahmung eines Mannes, der die Ehre des Zeitpunktes ist, darinne wir leben. Jederzeit hatte er viel Hochachtung für den Namen Grandison, nur die Furcht, einen Schatten, einen Dunst, Einfälle eines müßigen Kopfes zur Regel seiner Handlung zu machen, nöthigten ihn, so lange mit der Nachahmung dieses großen Urbildes anzustehen, bis er erfuhr, dieser große Mann sey wirklich in unsrer Welt anzutreffen. Was Grandison, und was Doctor Bartlett in Engelland sind, das werden der gnädige Herr und ich in Deutschland seyn.

Von den Einrichtungen, die in dem Hochadlichen Hause ihres Herrn Oncles nach Maßgabe der Residenz des Herrn Grandisons gemacht worden sind, haben Sie bereits

durch

durch Dero Fräulein Schwester und den gnädigen Herrn selbst Nachricht erhalten. Ich habe noch immer meine Hände voll damit zu thun, und dieses ist die Ursache, daß ich so lange meine Schuldigkeit, Dero gnädiges Handschreiben an mich zu beantworten, habe aussetzen müssen.

Weil der Cantor Loci sich noch immer nicht recht zum Orgelschlagen in dem Musiczimmer des gnädigen Herrn verstehen will; so soll ich dieses Amt übernehmen, und dafür eine Zulage meines jährlichen Gehalts bekommen. Ich sagte bei dem Antrage, den mir der gnädige Herr deswegen that, nichts weiter, als: Doctor Bartlett, Sir, ist Sir Carls Hofprediger, aber nicht sein Organist. Er fand sich getroffen, ergriff meine Hand, druckte sie und sagte: Herr Magister, Sie sind mein väterlicher Freund. Geben Sie mir doch Nachricht, ob der Doctor auch manchmal orgelt. Thut er es, so werde ich mir kein Bedenken machen, seinem Beispiele zu folgen; wo nicht, so spiele ich warlich keine Note, und wenn mir jede mit tausend Thalern sollte bezahlet werden.

Ueber eine Sache kann ich mich nicht gnug wundern, daß nämlich der Doctor Sir Carln auf die Jagd begleitet. Wie geht denn das in aller Welt zu? Setzt er sich in seinem langen schwarzen Mantel zu Pferde? das kann ich nicht glauben. Nähme er ihn unter den Arm, wie wollte er denn das Pferd und die Peitsche regieren? Ließ er ihn fliegen; so wäre es, wenn der Wind ginge, noch beschwerlicher; wollte man sagen, er legete seinen geistlichen Habit zu der Zeit ab, wenn er auf die Jagd gienge; so kann ich das mit einem so ernsthaften frommen Manne auch nicht zusammen reimen. Mit einem Worte, vor einem, der es nicht gesehen hat, ist die Figur, die der Doctor zu Pferde macht, schwer zu errathen. Geben Sie mir doch davon eine umständliche Nachricht. In meinem Herzen wünsche ich oft, daß Bartlett von der Jagd wegbliebe, so dürfte ich auch nicht wie ein Spürhund, den ganzen Tag mit meinem Patrone im Walde de herum laufen. Jedoch es heist: qui vult finem, vult etiam media.

Wer sich dereinst so groß, als Bartelett
will sehen,
Läßt manchen sauren Wind sich ins Gesichte wehen.

Man muß per aspera ad astra gelangen. Der gute Mann hat es sein Tage sich wohl eben auch lassen sauer werden.

Vor einigen Wochen wurde auf Befehl des gnädigen Herrn, dem Götterpaare in Engelland zu Ehren, ein Feuerwerk von meiner Erfindung in dem Lustgarten abgebrannt. Es dauerte von 9 Uhr des Abends bis gegen 11 Uhr. Sie können es dem Herrn Grandison melden, mein Herr verlangt es ausdrücklich; es muß aber nicht lassen, als wenn sich Ihr Herr Oncle dadurch ein Verdienst bei der Familie der Grandisonen machen wollte. Bei Gelegenheit dieser Feierlichkeit wurden der gnädige Herr und ich, wider Vermuthen, aufgefodert, Zeugnisse von unserer dem Herrn Grandison abgelernten Großmuth abzulegen.

Einige

Einige Unterthanen meines Patrons mußten zur Illumination einer Allee Lampen hergeben; sie wurden verwechselt. Den Tag nach diesem Feste entstunden deswegen vielerlei Zänkereien, ich legte solche durch mein Ansehen bei. Nachmittags, da ich vor dem Hause Nikolaus Brummholds des Baders vorübergehe, kommt dieser Verwegene mit entblößten Gewehr, durch Anstiften seines Weibes auf mich los. Hier, schrie er, hier soll sein Gottesacker seyn, und setzte mir das blanke Scheermesser an die Kehle. Schaffe Er meiner Frau ihre Lampe wieder Herr Magister, oder ich ermorde Ihn auf der Stelle.

Ich that einen Sprung auf die Seite, um meinen Degen zwischen den Rockfalten hervorzuziehen, ihn zuentblößen. Ich sahe, daß Peter der Badeknecht, seinen Herrn beispringen wollte. Er fragte mich, mit einer trotzigen Mine, und mit dem Scheermesser in der Hand, ob man ehrlichen Leuten so begegnete, und ein Recht hätte ihnen das ihrige zu entwenden.

Der freie Himmel ist sein Schutz, Herr Bader, sonst würden diese Pralereien, wenn Er etwas damit meint, Ihm theuer zustehen kommen.

Ich bin der Beschützer meiner Frau, mein Herr, Sie haben sie beleidiget, Herr.

Habe ich Seine Frau beleidiget, mein Herr? : : Und ich gieng auf ihn zu; aber ich besonn mich noch eben zu rechter Zeit, und bedachte, wo ich mich befände : : . Nehm Er Sich in Acht, mein Herr Bader : : . Aber hier ist Er sicher.

Peter, der gewaltige Bewegungen machte, schwur, daß er seinem Herrn bis auf dem letzten Blutstropfen beistehen wollte. Er stellte sich an eine angreifende Positur, und zog sein Brodmesser halb aus der Scheide.

Will Er Sein Gewehr auf Seinem Kopfe zerbrochen haben, so ziehe Er es ganz

Er that es mit pralenden Geberden. Der Teufel sollte ihn holen, wenn er das litte. Er zog sich zurück und setzte sich in eine vertheidigende Stellung.

Der

Der Bader mit seinem Scheermesser in der Hand, machte elende Grimmassen. Ich glaubte nicht anders, als daß die Männer Mörder wären. Ich schlug Petern mit der Breite meines Degens auf die Finger, entwaffnete ihn, und warf ihn in eben diesem plötzlichen Angriffe zu Boden.

Der Bader, der herum sprang, als wenn er auf Gelegenheit lauerte, einen Schnitt mit seiner eigenen Sicherheit zu thun, verlohr das Scheermesser durch den gewöhnlichen Kunstgriff

Die Frau, welche aus dem Fenster zusahe, und mit Scheltworten in die Ferne kanonirte, lief auf die Gasse.

Ich brachte beide Männer, einen nach den andern, mit der Verachtung, die sie verdieneten, in das Haus, die Frau war schon darinne. Ich schloß die Thüre ab, und gieng ganz gelassen nach Hause.

Ich erzählte dem gnädigen Herrn den ganzen Handel. Er würde in etwas aufgebracht, und wollte die ganze Familie ins Loch werfen und sie 8 Tage lang mit Wasser und Brod speisen lassen. Wir wollen großmüthig handeln, sagte ich, es wird die Zeit kommen, da diese Leute unbestraft ihre Vergehungen mehr bereuen werden; als wenn man hart mit ihnen verführe. Lassen Sie mich morgen mit diesen Leuten in der Sprache Sir Carls reden, was soll es gelten, ich will sie bekehren. Den folgenden Morgen ging ich zu dem Bader in das Haus. Der verlohrne Sohn war da, die großväterliche Erblampe hatte sich gefunden. Ich redete offenherzig mit ihm und seiner Frau, und brachte sie zu Thränen. Sie bezeugten ihre Reue wegen ihres Vergehens und versprachen Besserung.

Frau Sibylle bat mich insonderheit, ein guter Kundmann ihres Mannes zu bleiben, und meinen Bart keinem andern anzuvertrauen. Ich versprach dieses nicht nur; sondern erboth mich auch, den Lohn ihres Mannes, wenn er sich wohl gegen mich aufführen würde, jedes Quartal mit zwei Patzen zu erhöhen:

höhen: Die guten Leute wußten nicht, wo sie Worte finden sollten, ihre Dankbarkeit gegen mich auszudrücken.

Beim Abschiede steckte ich dem bußfertigen Bader ein feines Stückgen von der gewonnenen Hirschhaut, welches ich noch übrig hatte, in die Hand, um einen Streichriemen daraus zu verfertigen. Jedermann segnete mich dafür. Auch mein gnädiger Patron war so großmüthig, diese Sache, als Gerichtsherr, nicht zu rügen; ob er gleich den Bader um etliche Thaler hätte strafen können. Sit modus in rebus! Wenn ich meinen Brief nicht schlöße, so würde er noch länger. Glauben Sie, daß Sir Carl seinen Beauchamp nicht höher schätzen kann, als Sie geschätzet werden, von

Ihrem

unterthänigen Diener
M. L. Wilibald.

XV. Brief.

Der Herr von S. an den Magister Wilibald.

Grandisonhall den 5 August.

Hochgeehrtester Herr Magister,

Ich lobe Ihren Entschluß, den Doctor Bartlett nachzuahmen; Sie sind aber in gewissen Stücken gar zu zärtlich. Ein Staatskluger muß selbst ein Urbild werden und sich fortzupflanzen suchen. Ich kann Ihnen nunmehro die Gewissensfragen, welche Sie an mich thun, um desto leichter beantworten. Sie können, geliebter Freund, ganz wohl auf der Orgel spielen, ohne daß Doctor Bartlett dergleichen thut. Es würde sich aber dieser rechtschaffene Geistliche gar kein Bedenken daraus machen, wenn ihn Sir Carl nur mit einer Mine ersuchte. Sie können auch nach dem Beispiele Bartletts auf die Jagd reiten, und den Magister dabei eben so wenig als jener den Doctor vergessen. Das Mäntelgen, das er umthut, ist sehr kurz, und

wie

wie eine Saloppe gemacht, mit welchem er durch alle Hecken rennen kann. Wie konnte ich aber die Sache mit dem Feuerwerke verschweigen? Sir Carl war außerordentlich darüber erfreut, und wird auf künftige Woche, meinem Oncle zu Ehren, ein Hahnengefechte anstellen, zu welchen Schauspiel alle benachtbarte Edelleute bereits eingeladen sind. Sir Carl bewundert vornämlich Ihren in Gefahr unerschrockenen Geist. Zehen andere Magisters wären für dem schelmischen Bader geflohen, zumal, da ihn sein tölpischer Geselle unterstützte; Allein Sie wissen die Rotte nicht nur zu entwaffnen; sondern auch zu besänftigen. Dieser einzigen Begebenheit wegen verdienen Sie unsterblich zu seyn: und wenn mein Oncle Sie nicht nach Verdiensten belohnt, so werde ich mich von ihm lossagen. Wer wird dabei alle Müh mit mehreren Vergnügen anwenden, als

Dero

getreuer Freund.
v = S.

XVI. Brief.

Der Herr v. S. an den Herr v. N.

Grandisonhall, den 5 August.

Hochgeschätzter Herr Oncle,

Ohngeachtet Sir Carl und seine würdige Gemahlin Sie hier in Engelland zu sehen wünschen; so begreifen Sie die Schwürigkeiten vollkommen, welche mit einer solchen Reise verknüpft sind. Zwei solche ädle Gemüther sind bereits verbunden; ob sie gleich tausend Meilen von einander leben. Vielleicht geht Sir Carl nach Deutschland, um Berlin zu sehen: in diesem Falle würde Ihnen sein Zuspruch gewiß seyn. Sie verlangen in Ihrem letzten Brief einen jungen Hund von dem Fresco und Alexanders Gastmahl. Mit dem letztern warte also gehorsamst auf: Da aber Fresco ein Chapeau und noch darzu castrirt ist: so hat man keine Hoffnung,

nung, seine Race zu erhalten. Ihr Anschlag auf Clementinen ist vergeblich. Sie ist verheirathet und hat bereits drei Kinder von dem Graf von Belvedere. Wer weiß aber, was sie gethan hätte, wenn sie von Ihrer ädlen Neigung zeitiger benachrichtiget worden wär. Indessen ist Kätchen Holles noch ledig. Ich sprach das angenehme Kind zu Selbyhaussen, und finde an ihr etwas ungemein sanftes. Besser aber würde sich Fräulein Orme für Sie schicken; wenn der Fall kommt, daß Sie heirathen müssen. Sie sind aber gegenwärtig in einer solchen Ruhe, die Sie im Ehestande nicht haben werden. Ich gehe einige Tage nach London, um den Hof und alles merkwürdige in der Stadt zu besehen; nachhero kehre ich wieder nach dem angenehmen Grandisonhall zurück.

Den 9ten. Ein merkwürdiger Umstand: Lady Grandison ist in die Wochen kommen. Ein schönes Fräulein, sagt man.

Den 11ten. Immer eine Kutsche nach der andern. Oncle Selby und seine Dame sind auch da. Der Cornet Jacob hat Urlaub. Ich muß hin und ihm mein Compliment machen. Die Gevattern sind erwählt. Sir Beauchamp, Lady G. und Sie, mein Hochgeehrtester Herr Oncle, wie auch der rechtschaffene Doktor Bartlett. Lesen Sie beikommenden Gevatterbrief von Sir Carln. Ich habe die Uebersetzung dabei gelegt. Da ich das Absehen auf Dero Person zum Voraus merkte; so gieng ich sogleich nach London, und ließ mir ein prächtiges Kleid machen: damit ich in eben dem Lichte erschiene, in welchem Sie erschienen seyn würden.

Den 12ten. Nunmehro ist alles glücklich vorbei. Ich trank mir in Ihrem Namen einen derben Rausch. Oncle Selby war auch nicht nüchtern. Senden Sie nur ein ansehnliches Patengeschenke: denn man macht sich hier von Ihrem Vermögen eben so große Begriffe, als von Ihrer Freigebigkeit. Der Himmel erhalte Sie gesund und wohl. Mit vieler Ehrerbietung bin ich

Dero

gehorsamster Diener

XVII.

XVII. Brief.

Amalia an ihren Bruder.

Schönthal, den 30. August.

Lieber Bruder,

Du treibst die Sache zuweit mit unserm Oncle. Ein zweiter Don Quixottes, so wahr ich lebe! Ich will sein ganzes Betragen in einem Lustspiele von einer Handlung und verschiedenen Auftritten vorstellen; damit ich das viele er sagte, und sie sagte vermeide.

Erster Auftritt.

Jeremias und der Magister.

Der Magister. Wo bleibst du so lange, Jeremias? du hast gewiß vor deiner Abreise aus der Stadt alle Bierkannen sondiren müssen?

Jere-

Jeremias. Ich mußte doch erstlich bei der Wärme einen Labetrunk zu mir nehmen. Hat der gnädige Herr etwa geschmälet?

Der Magister. Nein, nicht sonderlich. Ich vermuthe aber, du wirst die Bastonnade bekommen, wenn du das poculum hilaritatis zu hoch treibst.

Jeremias. Ich will ihn schon besänftigen: denn ich bringe einen Brief von der Post mit; vermuthlich ist er von dem jungen Herrn aus der neuen Welt. Sehen Sie einmal das Petschier an, Herr Meister.

Der Magister. Höre Jeremias, ich habe dir etwas im Vertrauen zu sagen: du sollst mich künftighin nicht mehr Herr Magister; sondern Herr Doctor nennen. Denn wer philosophiae magister ist, der ist auch philosophiae doctor; atqui ich bin philosophiae magister; ergo bin ich auch philosophiae doctor. Verstehst du mich Jeremias?

Jeremias. Nein, nicht sonderlich. Denn ich kann nicht begreifen, wie Sie auf einmal

zum

zum Doctor geworden sind? Sie curiren ja nicht, und setzen auch keine Clystire.

Der Magister. Du bist so tumm wie ein Wigand. Gibt es denn sonst keine Doctores, als nur solche, welche Arznei ausgeben? Mit einem Worte, du sollst mich Doctor nennen, ohne daß ich zuvor einen langen Beweis führe. Gib mir indessen den Brief her, ich will ihn dem gnädigen Herrn zustellen; doch da kömmt er selber.

Zweiter Auftritt.

Der Herr von N. Der Magister und Jeremias.

Jeremias. Hier ist ein Brief an Sie, Sir.

Der Magister. Er ist von Ihrem Neveu aus London, vermuthe ich.

Der Herr von N. bricht ihn auf und liest:

„Ohngeachtet Sir Carl und seine würdige
„Gemahlin Sie hier in Engelland zu be-
„dienen wünschen: so sehen sie doch die
„Schwü-

„Schwürigkeiten vollkommen ein, welche „mit einer solchen Reise verknüpft sind.

Ach was Schwürigkeiten! ich bin der Luft gewohnt, und habe eine Natur wie ein Pferd. Was habe ich nicht sonsten bei meinen Italienischen Feldzuge ausgestanden! ich will aber weiter lesen:

„Zwei solche ädle Gemüther sind bereits verbunden; ob sie gleich tausend Meilen von „einander leben. Vielleicht geht Sir „Carl nach Deutschland, um Berlin zu se„hen: in diesem Fall würde Ihnen sein „Besuch gewiß seyn.

Zum Henker! was will er in Berlin machen? da ist nichts zu thun. Der lange Peter hat sonst unter den Preußen gedient; er kann aber wegen der entsetzlichen Prügel, die er unter den Soldaten bekommen, niemals ohne Thränen an Berlin denken. Er ließt weiter.

„Sie verlangen in Ihrem letzten Brief einen „jungen Hund von dem Fresco, und Alexanders

„xanders Gastmahl. Mit dem letztern „warte Ihnen also gehorsamst auf; da aber „Fresco ein Chapeau und noch darzu „castrirt ist; so hat man keine Hoffnung „seine Race zu erhalten.

Das ist doch ein verwünschter Streich! Solche gute Hunde werden doch selten geschnitten.

Der Magister. O ja, das geschieht oft, damit sie desto hurtiger und muthiger zur Jagd werden.

Herr von N. Das wäre eben, als wenn man einen Magister verschneiden wollte, damit er desto hitziger im disputiren wär. Er liest weiter:

„Ihr Anschlag auf Clementinen (hier hält er innen, und sagt: Jeremias, schier dich hinaus, ich will mit dem Magister etwas heimliches reden.) fährt fort im lesen:

„Ihr Anschlag auf Clementinen ist vergeb„lich. Wer weiß aber, was sie gethan „hätte, wenn sie von Ihrer ädlen Neigung „zeitiger benachrichtiget worden wär?

Ja,

Ja, das glaub ich selber. Ich hätte ihr schon zu Leibe gehen wollen. Solche Mädchens, wie Clementine, wollen frisch angegriffen seyn. Belvedere war eine alte Frau; wenn sie gewartet hätte: so = = doch nichts mehr von der Sache. Liest weiter:

„Indessen ist Kätchen Holles noch ledig. „Ich sprach das angenehme Kind zu Selbyhaussen, und finde an ihr was ungemein sanftes.

Nein, die mag ich auch nicht. Es scheint mir eine Gans zu seyn, und einfältige Weibsbilder habe ich niemals leiden können. Er liest:

„Besser aber würde sich Fräulein Orme „für Sie schicken; wenn der Fall kömmt, „daß Sie heirathen müßten.

Ach die schickt sich wieder nicht. Sie würde ihren milzsüchtigen Bruder mitbringen, und einen solchen Wurm könnte ich nicht um mich herum leiden. Er liest:

„Ich

„Ich gehe einige Tage nach London, um „den Hof und alles merkwürdige in der „Stadt zu besehen; nachhero kehre ich wie„der nach dem angenehmen Grandisonhall „zurück. Ein merkwürdiger Umstand: „Lady Grandison ist in die Wochen kom„men. Ein schönes Fräulein, sagt man

Herr Magister, rufen Sie meine Schwester und meine Base: damit ich ihnen diese gute Nachricht sogleich hinterbringe.

(Hier sprang Lampert fort; und ich konnte kaum von der Thür wegkommen, wo ich die ganze Zeit zugehört hatte. Wir giengen also beide hinein, da er denn schrie:)

Dritter Auftritt.

Schwester, Fräulein Base, Lady Grandison ist in die Wochen kommen. Es ist eine Fräulein. Ja nun, Mädchens sind auch nicht zu verachten; aber ich denke, Sir Carl hätte lieber noch einen Jungen gehabt. Meinen Sie nicht, Fräulein Base?

Amalia. Er hat ja schon einen Junker; und so wird ihm das Mädgen um desto lieber seyn. Er liest fort:

„Immer eine Kutsche nach der andern.
„Oncle Selby und seine Dame sind auch
„da. Cornet Jacob hat Urlaub. Ich
„muß hin und ihnen mein Compliment
„machen.

Das wär ein Mann für Sie, Base. Wer weiß, was Ihr Bruder anstellt.

Amalia. Lesen Sie nur ruhig fort, ohne zu überlegen, ob sich ein Cornet für mich, oder ich mich für einen Cornet schicke.

„Den 11ten. Die Gevattern sind erwäh-
„let. Sir Beauchamp, Lady G. und
„Sie, mein Hochgeehrtester Herr Oncle.
„Lesen Sie hier den Gevatterbrief von
„Sir Carln.

(Diesen hatte der Magister noch unerbrochen in Händen)

Das ist ja ein entsetzlicher Streich! Mich bittet Sir Carl zu Gevattern? Ich muß doch die Stelle noch einmal lesen. Ja, ja das hat mein Vetter angestört. Warte du Vogel! er liest fort:

„Wie auch der würdige Doctor Bartlett.

Warum nicht der Superintendent von Londen?

Hier fiengen wir an, ihm Glück zu wünschen, worauf er ganz gleichgültig antwortete: „Es ist wahr, sprach er, mir wiederfährt viel Ehre; aber mein Beutel wird es auch empfinden. Was meint ihr, Kinder, was soll ich Sir Carln einbinden?„

Der Magister. Ich dächte, gnädiger Herr, Sie gäben ihm gar nichts. Sir Carl ist sehr reich; er hat Sie aus Liebe und nicht aus Eigennutz gebeten.

Der Herr von N. Das ist zwar wahr; aber das Geschenke ist auch nicht für den Vater, sondern für das Kind, welches nackend auf die Welt kömmt.

Jeremias, welcher mit uns zugleich hin-eingieng: Ich dächte, gnädiger Herr, es wären zwei Thaler genug. Lassen Sie einen rechten schönen Kuchen backen, so will ich beides nach Grandisonhall tragen, und mir ein tüchtiges Trankgeld verdienen.

Herr von N. Was meinst du, Schwester, wenn ich mein Portrait von der Gallerie nähm, etliche Diamanten darum setzen ließ, und Jeremiasen damit fortschickte.

Fräulein von N. Sei nicht artig, Sir, wer wird solche große Bilder mit Brillanten garniren. Das wär ein Werk von einer Million.

Herr von N. Du hast Recht; ich will ihm etwas an baaren Gelde schicken; so viel als ich bei diesen schlechten Zeiten entbehren kann. Funfzehn Gulden sind hinlänglich. Ich will ihm diese Summe in hiesigen Münzsorten schicken = = Creutzer sind in Engelland etwas rares = = vielleicht legt sie Sir Carl in Olivien ihr Medaillencabinet.

Anna-

Amalia. Herr Oncle, funfzehn Gulden sind auch gar zu wenig. Wenn Sie Sir Carln ein Geschenk machen wollen, so müssen es wenigstens hundert Ducaten seyn.

Herr von N. Warum nicht tausend? Wovon sollte ich hernach leben, wenn ich mich zuvor durch ein solches Pathengeschenke zu Grunde richte? Mit einem Worte, es bleibt bei den funfzehn Gulden, damit kann Herr Grandison zufrieden seyn.

Hören Sie, Herr Magister, setzen Sie Sich gleich und schreiben mir eine witzige und galante Antwort auf Sir Carls Gevatterbrief. Gehen Sie aber mit den lateinischen Brocken etwas sparsam um: damit mich der Herr Gevatter für keinen Schulcollegen hält.

(Der Magister geht ab, und er liest indessen weiter:)

„Lesen Sie beikommenden Gevatterbrief „von Sir Carln. Ich habe die Ueber„setzung dabei gelegt.

Wo ist denn der Gevatterbrief? ich habe ja keinen gesehen.

Amalia. Der Magister ist damit fortgelaufen.

Herr von N. Es ist wahr, er soll ihn beantworten.

Darauf fuhr er fort:

„Da ich das Absehen auf Dero Person „zum voraus merkte: so gieng ich sogleich „nach Londen, und ließ mir ein prächtiges „Kleid machen: damit ich in eben dem „Lichte erschien, in welchem Sie erschienen „seyn würden.

Da that er ganz recht: denn ich würde mich wie ein Fürst geputzet haben, wenn ich gegenwärtig gewesen wäre.

„Den 12ten. Nunmehro ist alles glücklich „vorbei. Ich trank mir in Ihren Na„men einen derben Rausch. Oncle Sel„by war auch nicht nüchtern.

Ich denke, es wird Niemand nüchtern gewesen seyn. Sollte Sir Carl an einem solchen Tag nicht ein Räuschgen haben: so sollte es mich sehr wundern. Hätte ich einmal Kindtaufe, ich tränke, so lange ein Darm hielt.

Amalia. Das trau ich Ihnen zu; Sie sollten aber überlegen, daß es Niemand als eine Heldenthat ansehen würde.

Der Herr von N. Nichts? das wär was entsetzliches! Ein Edelmann muß saufen können. Wie will er sonst bei Hof zurechte kommen? Mein seliger Vater konnte einen Eimer Bier in einem Sitze bezwingen: aber heut zu Tage gewöhnen wir uns zu zärtlich. Ich lobe mir die alten Zeiten. Da war keiner nicht gelitten, der nicht seinen Stiefel tüchtig saufen konnte.

Amalia. Wir wollen uns über die Vorzüge der alten Welt für der heutigen nicht zanken. Lesen Sie uns nur den Brief weiter.

„Senden Sie nur ein ansehnliches Pathen-„geschenke: denn man macht sich hier von „Ihrem Vermögen eben so große Begriffe; „als von Ihrer Freigebigkeit.

Das ist ein loser Mann! Sie würden Sich die Begriffe nicht machen, wenn er ihnen keine Gelegenheit dazu gäb. Aber ich kenne Ihren Bruder; es soll bei ihm alles ins Große fallen.

Es bleibt übrigens bei den funfzehn Gulden.

Du wirst diese Erzählung so hinnehmen. Der ehrliche Oncle bleibt, wie er ist. Wir wollen zufrieden seyn, wenn er nur nicht schlimmer wird. Ich befürchte aber, er thut einen Schritt, der uns allen höchst unangenehm ist. So viel für diesesmal von

Deiner

treuen Schwester
Amalia von S.

XVIII. Brief.

Der Herr von N. an den Herrn von S.

N. hall, den 30. August.

Lieber Vetter,

Uebersetzen Sie beikommenden Brief sogleich ins Englische. Es ist eine Antwort auf Sir Carls Gevatterbrief. Der Magister hat mir den Aufsatz machen müssen; ich denke, er soll eben so hoch, als gelehrt seyn. Ich habe funfzehn Gulden zu einem Geschenke beigelegt. Mehr kann ich gegenwärtig nicht entbehren! zumal, da wir neulich von den Kroaten so mitgenommen worden sind. Ewig Schade, daß ich nicht in Person habe stehen können. Das ist ein verdammter Streich, daß die Clementine verheirathet ist. Hätte der Pumpernickel nicht warten können? Fräulein Ormen mag ich nicht; es scheint mir eine Wehklage zu seyn, die einen nur die Ohren vollwinselt. Nun ist also weiter nichts zu thun, als daß ich mich an Fräulein Julianen von W. wende. Ich würde sie längstens von meiner Liebe überzeugt haben, wenn ich nicht in Ansehung der Italienischen Gräfin in Ungewisheit gewesen wär. Nunmehro aber soll meine Braut eine einheimische Lady seyn. Hierinnen bin ich also Sir Carln nunmehro auch ähnlich. Juliane weiß noch nichts von meinen Gesinnungen: wie wird aber das gute Kind erstaunen, wenn ich bei ihr ankomme, und mich zu ihren Füßen werfe? Vielleicht seufzt sie bereits in geheim nach mir. Ich will also kommen, schönste Juliane! ich komme gleich. Ihre Schwester ist recht, wie ich sie mir wünsche. Das Mädchen macht mit, und wenn wir auf dem Kopfe tanzen wollten. So ist auch der Magister; wir leben mit einander wie Brüder. Das wird mir einmal ein lustiger Beichtvater werden, wenn der alte Pfarre abgehen sollte. Warum hat aber Sir Carl den Fresco castriren lassen? Ich wollte gleich noch funfzehn Gulden darum geben, wenn ich einen jungen Hund von der Race bekommen

men könnte. Gestern hat mir der Oberförster von Burgthal einen Hünerhund geschenket; er ist aber noch ziemlich roh; ich denke, der alte Magister soll ihn schon dreßiren. Von unsern übrigen Umständen wird Sie Lampert benachrichtigen. Schließen Sie mich als Ihren treuen Oncle in Ihren Abendsegen ein, wenn Sie anders einen beten, und erwarten von mir ein gleiches. Ich bin

Dero

getreuer Vetter.

****

XIX. Brief.

Fräulein Amalia an ihren Bruder.

Kargfeld den 4. Sept.

Dein letzter Brief hat meinen Oncle nunmehro ganz und gar gebildet. Sein Rock ist mit Golde besetzt; er geht beständig im Degen, und zwingt sich zu einem süßen Lächeln; bisweilen aber sieht er den Magi-

Magister mit so einer fürchterlichen Mine an, als wenn er ihn fressen wollte.

Neulich hat er einen Kerl, welcher mit Zimmtwasser und Bezoartinctur durchs Dorf gieng, seinen ganzen Kasten abgekauft. Das ist meine Apotheke, spricht er, woraus ich die Bauern kuriren will, wenn etwa die Viehseuche unter sie kömmt.

Die erste Kur ist indessen nicht wohl abgelaufen; und wenn man nicht noch einen ordentlichen Arzt zu Rathe gezogen hätte; so wär der Elende gestorben. Wir dürfen uns aber nicht unterstehen, nur den geringsten Zweifel in seine Geschicklichkeit zu setzen. Mir wollte er vorgestern mit Gewalt Bergöl eingeben: da ich aber ernstlich aussah, und fortreisen wollte; so ließ er ab, seine Kunst an mir zu versuchen. Das lustigste war ein Ball, den er uns am Mittewochen gab. Die benachtbarten Edelleute wurden durch den Jeremias eingeladen. Einen hieß er Oncle Selby, den andern seinen Beauchamp, seine Schwester Tante Loren, Fräulein Fiekgen seine Aemilia, mich aber, seine Charlotte. Unsere Gäste glaubten anfangs, er wär rasend geworden.

Da ich ihnen aber das Geheimnis entdeckte, so wurde sein Vorhaben bewundert, und er in seiner Thorheit gestärkt. Der Schulmeister sollte mit aller Gewalt Alexanders Gastmahl aufführen: da er nun dieses Singstück nicht einmal den Namen nach kannte: so hieß ihn mein Oncle einen Bärenhäuter, und jagte ihn zur Thür hinaus. Er fieng indessen mit fürchterlicher Stimme an: Reizend, sanft in Lydischen Thönen &c.

Der Magister trägt das Seinige zu diesen Thorheiten redlich bei. Er will die Person Grandisons in Italien spielen. Des Pfarrers Tochter ist seine Clementine. Er sprach noch heute von ihr mit einer affenmäßigen Entzückung. Kurz darauf wiederhohlte er die Zeilen aus den Milton:

Nie gestand sie die Liebe &c.

Wir hielten darauf folgendes Gespräch.

Amalia. Wissen Sie denn, Herr Magister, daß Hannchen eben die Neigung zu Sie hat,

hat, welche Clementine zu Sir Carln hatte? Sie müssen nicht alle Blicke eines Mädchens zu ihrem Vortheile auslegen.

Der Magister. Die Eigenliebe, oder philautia, blendet mich nicht, gnädiges Fräulein; allein, ich denke, daß ich wegen verschiedener persönlichen Eigenschaften ein Mädchen rühren kann.

Amalia. Es ist wahr, sie besitzen Vorzüge, unter welchen derjenige, daß sie Magister sind, der vornehmste ist. Einige Mädchens aber haben einen wunderlichen Geschmack, und eine angenehme Bildung gilt bei ihnen mehr, als alle Gelehrsamkeit, und die dadurch erworbenen Kränze.

Der Magister. Sie bringen mich eben auf den rechten Punkt. Gefällt Ihnen meine Bildung nicht? habe ich nicht eine Habichtsnase wie Cyrus, und eine Warze daran wie Cicero? Mir deucht, dieser Schmuck könnte ein Mädchen bezaubern; zumal wenn sie von der geheimen Bedeutung großer und ansehnlicher Nasen etwas gelesen hat, und auſ-

ser-

serdem weiß, welche große Männer Cyrus und Cicero gewesen sind.

Amalia. Sie werden doch jene Leute nicht deswegen hochachten, weil der eine, eine gebogene Nase, und der andere eine Warze daran hatte. Vielleicht ist die Nase bei dem einen, und die Warze bei dem andern, ein Fehler gewesen.

Der Magister. Gut, gnädiges Fräulein, ich sehe dergleichen Nase nicht als ein Essentiale an: aber mir deucht, ich hätte noch mehr Aehnliches mit dem Cyro, vornämlich aber mit dem Cicerone.

Amalia. Wollen Sie eine Vergleichung anstellen; so werden Sie mir eine besondere Gefälligkeit erzeigen.

Der Magister. Cicero war ein Redner; ich auch: ja, ich erhalte hier eben den Beifall, wenn ich den geistlichen Schifsschnabel betrete, welchen Tullius mit seinen Reden zu Rom erhielt. Jener war ein Patriot, und eifriger Vertheidiger der römischen Freiheit;

ich bin beides hier auf diesem adlichen Hofe. Wem hat man die Verschönerung dieses Rittersitzes anders zu verdanken, als mir? Habe ich nicht die Wahrheit, daß es einen Grandison gebe, zuerst bekannt gemacht? habe ich ihn nicht zuerst nachgeahmt?

Amalia. Ich fühle die Stärke Ihrer Beweise. Sie sollen Recht haben; Hannchen soll Sie lieben, und ich will sie selbst zur Gegenliebe überreden.

Der Magister. Wo eine Conviction ist, da ist die Persuasion unnöthig. Hannchen ist von meinem Werthe überzeugt; sie liebt mich, und würde wie Clementine närrisch werden, wenn ich unempfindlich wär.

Amalia. Da die Sache schon so weit gekommen ist; so wär mein Rath, sie ließen das arme Kind nicht so lange seufzen. Denn sollte das schöne Hannchen in einen Enthusiasmum fallen; so hätten Sie es ewig zu verantworten. Es thun sich hier keine Schwierigkeiten hervor = der General willigt

ligt ein: Sie sind auch nicht katholisch, daß die Religion also eine Hindernis seyn könnte. Gehn Sie also immer zum alten Vater, und halten um die Tochter an.

Der Magister. Das will ich thun; aber aufrichtig zu reden, so muß ich erstlich meinen schwarzen Rock wenden, und nach der Mode machen lassen: damit die äußerliche Seite der innerlichen die Waage hält. Alsdenn werde ich alle Hindernisse überwinden, meine Liebe gestehen, und Hannchen glücklich machen. Es kann unterdessen nicht schaden, wenn sich einige Schwierigkeiten hervor thun: ja es ist allen Liebhabern angenehm, wenn sie in der Liebe rechte hohe Gebürge übersteigen müssen.

Amalia. Sie reden etwas poetisch, Herr Magister; wünschen Sie Sich aber lieber keine Berge; Sie sind kein Jüngling mehr, und ein einziger Hügel sollte Ihnen schon Arbeit genug machen. Kommt Hannchen ein junger Stutzer in Weg; so fällt der Magister Lampert in die Brüche.

Der Magister. Ach, was Stutzer! Hannchen ist die Tochter eines Geistlichen; ihr ist geistlich Fleisch gewachsen; ergo muß sie wieder an einen Geistlichen verheirathet werden.

Amalia. Das war ein vortreflicher Schluß! Wenn Sie ehedem so geschlossen haben; so sitzen die Leute, welche Sie zum Magister gemacht haben, leibhaftig in der Hölle. Ist denn das Fleisch einer Pfarrstochter anders beschaffen, als das Fleisch einer Prinzessin? Gesetzt aber, Sie meinten ihre Gemüthsbeschaffenheit; so finde ich eben nichts stilles und heiliges an Ihrem Hannchen, wobei mir das geistliche Fleisch einfallen sollte, Sie ist so munter und lebhaft, wie eine Soldatentochter. Ein junger Fähndrich würde ihr besser anstehen, als ein alter Magister.

Der Magister. Sie machen mir beinahe Angst. Da sich aber die Liebe bei ihr angefangen hat, so kann ich auch auf ihre Beständigkeit schließen.

Amalia. Woher wissen Sie aber, daß Hannchen in Sie verliebt ist? Und wie wollen

len Sie von der Beständigkeit einer solchen Leidenschaft urtheilen, da wir oft von derselben wider unsern Willen hingerissen werden.

Der Magister. Von dem ersten Punkte überzeugen mich ihre reitzenden Blicke. Einer ist matt, der andere sanfte, der dritte feurig. Die folgenden sind zum theil schmachtend, zum theil aber bemerken sie ein süßes Bewustseyn. Der zweite Punkt aber, patet per se.

Amalia. Was heist das, patet per se?

Der Magister. Das will so viel sagen: wenn ein Mädchen einmal liebt; so kann sie nicht leicht wieder aufhören.

Amalia. Sie haben Recht; sie liebt immer; aber nicht einen und eben denselben Gegenstand: und dieses, glaube ich, wird der wahre Sinn der angeführten Worte seyn.

Der Magister. Machen Sie mich nicht weiter unruhig. Ich will meinen Herrn Principal um seinen Vorspruch bei Hannchen bitten. Sein Ansehen und ich zusammen genommen, wird einen Eindruck sowohl bei dem Vater, als bei der Tochter machen.

Amalia. Es ist wahr, mein Oncle vermag viel bei dem Pfarr; aber Hannchen darf nicht überredet, vielweniger gezwungen werden. Es ist ein angenehmes und munteres Kind, und wir haben einander von Jugend auf geliebt. Suchen Sie ihr zu gefallen, vielleicht geht die Sache nach ihrem Wunsche.

Der Magister. Sie haben Recht. Clementine soll von meiner persönlichen Vortreflichkeit bezaubert und erobert werden. Ich will eine Ode auf sie machen; ich will sie unter ihrem Fenster absingen. Giebt sie meiner Liebe Gehör; so stehe ich hier still; wo nicht; so suche ich andere Kunstgriffe hervor. Ich will sechs Monate blaß wie der Tod aussehen; ich will mich in eine Höhle verstecken, den Bart und die Nägel wachsen lassen; ich will Gras fressen, wie Nebucadnezar: endlich wird sie doch weich, und überwunden werden!

Weil

Weil mein Oncle seine Charlotte rufte, so mußten wir unsere Unterredung endigen. Morgen werde ich von hier ab nach Schönthal, und über morgen nach Wilmershaußen zu meiner Juliane gehen. Dieses gute Kind erkundiget sich oft nach dir, und freut sich über alle gute Nachrichten, welche ich aus Engelland erhalte. Sie hat sich zu ihrem Vortheile verändert, und besitzt alle Vorzüge unsers Geschlechts. Schreibe mir bald und liebe mich ferner.

Amalia v. S.

XX. Brief.

Der Magister Wilibald an den Doctor Bartlett.

Kargfeld, den 16. August.

Hochgeehrtester Herr Doctor, Vornehmer Gönner,

Wundern Sie Sich nicht, daß ein Unbekannter, aus einem entfernten Lande, das von den geheiligten

Gränzen der Britten durch einen Arm des großen Weltmeeres abgesondert ist, sich die Erlaubnis erbittet, Ihre wichtigen Geschäfte durch ein kleines Handschreiben zu unterbrechen. Der Ruhm eines Carl Grandisons und mit dem seinigen der Ihrige, hat sich eben sowohl in meinem Vaterlande; als in den übrigen Theilen der gesitteten Welt ausgebreitet. Das Licht, worinne ich Sie bei Durchblätterung der Geschichte des großen Mannes erblickte, hat mich, gleich einem irrenden Wandrer, auf die Spur eines glücklichen Weges geleitet, und ich werde mich bemühen ihn zu verfolgen, bis das Stundenglaß meines Lebens ausgelaufen ist. Möchte ich doch so glücklich seyn, ihre Freundschaft zu verdienen! Vielleicht kann ich auf solche einen eben so gerechten Anspruch machen, als der Pater Marescotti, der doch ein eifriger Papist, und noch dazu ein Ordensmann ist, unsere Grundsätze stimmen viel genauer mit einander, als mit den seinigen überein.

Der Posten, welcher Ihnen von dem Herrn Baronet anvertrauet ist, hat eine genaue Verwandschaft mit denn, welchen ich seit geraumer Zeit in dem Hause meines gnädigen Patrons verwalte, und wie ich hoffe, noch lange verwalten werde, daß ich es nicht habe Umgang nehmen können, mit Ihnen die Maasregeln zu verabreden, wornach wir in unsern wichtigen Aemtern handeln wollen, um in allen Stücken desto einförmiger zu seyn. Mein Patron hat mir insonderheit anbefohlen, Sie zu ersuchen, Ihre Geheimnisse ratione der Unterweisung der Kinder, mir mitzutheilen. Ich denke, es stehet hier kein Brod- und Handwerksneid im Wege, der Sie etwann zurück haltend gegen mich machen könnte. Wir wollen einmal die Propositionem indefinitam affirmantem: Figulus figulum odit, in propositionem particulariter negantem convertiren: Quidam figulus figulum non odit. Ich will Ihnen doch meinen modum, circa puerorum institutionem procedendi, kürzlich entwerfen. Vielleicht kommt er Ihnen etwann auf irgend eine Weise zu statten.

Ob mein Gönner gleich noch unverheirathet ist; so hat es Ihm doch niemals an Kindern gefehlet, er hat deren drei von seinem Bruder, der zeitig starb, erzogen. Nunmehro hat er Lust, sich selbst zu verheirathen und Kinder zu zeugen. Ich soll mich deswegen im Voraus anschicken, diese nach Sir Carls und Ihrem Geschmacke zu erziehen.

Es gehet nun in das zwanzigste Jahr, daß ich den Pulverem Scholasticum einschlucke, bei dieser langwierigen Praxi habe ich gefunden, daß es nöthig ist, daß ein Docent, in Gegenwart seiner Untergebenen, eine Amtsmine annehmen müsse, die Furcht und Gehorsam zu erwecken fähig ist. Wenn ich nach der Mithologie ein Bild eines klugen Hofmeisters entwerfen sollte; so würde ich solches von dem Jupiter, Könige der Götter, entlehnen. Wie dieser oft, in düstre Wolken eingehüllt, bald mit seinen Donnerkeilen um sich wirft; bald einen gewaltigen Platzregen auf die durstige Erde fallen läßt, um sie zu Hervorbringung guter Früchte geschickt zu machen; bald durch

durch Sturm und Wirbelwinde, die faulen und ansteckenden Dünste vertreibt: so muß auch ein weiser Mentor, bald durch den Thon seiner donnernden Stimme, dem Muthwillen der Untergebenen zu steuren suchen; will dieses nicht helfen, wohlan! so bläue er ihnen den Rücken, und lasse einen Platzregen seines Backels nach dem andern darauf fallen. Was gilt es, für solchen Stürmen werden Bosheit, Faulheit, Muthwille und das ganze Heer jugendlicher Thorheiten zitternd fliehen, und mithin dem Fleiße nebst allen Tugenden Platz machen. Sehen Sie, Herr Doctor, das ist meine Art mit Untergebenen umzugehen. Ich kann, ohne mich zu rühmen, versichern, daß ich solchergestalt, manchen braven Mann gezogen habe, der Herr Baron von S . . ist davon ein lebendiger Zeuge. Jedoch ich merke, daß Sie auch wissen wollen, was für Lectiones ich mit meinen Discipeln tractire, ich halte mich verbunden Ihnen auch hierinne zu willfahren.

Ehe ich noch die Geschichte Ihres Gönners kannte, begnügte ich mich, meinen Untergebenen das beizubringen, was andere meines gleichen der hochadlichen Jugend lehrten. Lesen und schreiben, ein Bisgen Christenthum und das Einmaleins war alles, was ich docirte; so bald ich aber dieses Buch mit Verstande gelesen hatte, entwarf ich ein ganz neues Informationssistem. Vor allen Dingen merkte ich mir die Stellen aus der Geschichte, wo ausdrücklich einer Wissenschaft oder einer Geschicklichkeit, die der große Mann besitzt, gedacht wurde; hernach überlegte ich, was für Wissenschaften, mit den ausdrücklich benennten, verwandt wären, und ohne welche jene nicht gründlich könnten erlernet werden. Durch Hülfe einer gesunden Vernunftlehre brachte ich folgendes Verzeichnis zu Stande. Haben Sie die Gewogenheit, Herr Doctor, es mit Fleiße durchzugehen, Anmerkungen, wo Sie es für nöthig erachten, hinzuzuthun, auch wo ich etwan sollte geirret haben, welches ich nicht glaube, meinen Aufsatz zu verbessern, ich bin in statu docilitatis.

Verzeichnis derjenigen Wissenschaften und Geschicklichkeiten Herrn Carl Grandison

Baro-

Baronets, zur Nachahmung junger von Adel, aufgezeichnet von einem Verehrer des großen Mannes.

Sir Carl Grandison besitzt:

1) Eine feine Stärke in den Grundsätzen der Religion, einfolglich auch in der Polemik, Kirchenhistorie, Kasuistik und andern damit verknüpften Wissenschaften.

2) Verstehet er sich wohl auf die Rechte seines Vaterlandes: Diese gründen sich ursprünglich auf das natürliche Recht; das natürliche Recht gehört in die Weltweisheit; alle Wissenschaften der Weltweisheit sind miteinander verbunden: folglich ist er ein Logicus, Physicus, Metaphysicus, ein Moralist, und s. w.

3) Ist er ein großer Oeconom. Die Oeconomie ist ein Theil der Philosophie, folglich läßt sich sowohl hieraus, als aus dem vorhergehenden Satze deutlich schließen, daß er ein guter Philosoph ist.

Anmerkung. Eben dieses läßt sich auch aus allen Handlungen seines Lebens ganz natürlich herleiten.

4) Er

4) Er hat eine Hausapotheke, daraus folgt daß er ein Medicus ist, mithin verstehet er sich auf die Anatomie, Therapie, Pathologie, Chirurgie, Botanic, u. s. w.

5) Sir Carl spricht außer seiner Muttersprache Französisch und Italienisch, mit diesen sind die Spanische und Portugiesische verwandt, folglich verstehe er auch diese. Er ist in Deutschland gewesen, ergo kann er Deutsch, vermuthlich auch Holländisch, Dänisch, Schwedisch, u. s. w.

6) Er hat eine vortrefliche Bibliothek. Eine Bibliothek kann nicht vortreflich seyn, wenn nicht lateinische, griechische, hebräische, syrische und arabische Bücher darinnen sind. Da es nun bei Sir Carln unmöglich heißen kann: Salvete libri sine magistro; so folgt, daß er Lateinisch, Griechisch, Hebräisch, Syrisch, Arabisch, vermuthlich auch, Türkisch, Ungrisch, Rußisch, u. s. w. verstehet. Ergo ist er auch ein guter Grammaticus und Criticus.

7) Er hat verschiedene Veränderungen an seinen Schlössern vornehmen lassen, er ist ein guter Baumeister, ergo auch ein guter Mathematicus.

8) Er ist viel gereiset, folglich verstehet er die Geographie und Historie.

9) Er denket vortreflich und erhaben, ergo ist er ein Redner und Poet.

10) Er ist ein Liebhaber der Antiquitäten, mithin auch der Inscriptionen, der alten Münzen, Bildsäulen, u. s. w.

11) Die Heraldic verstehet er meisterlich, folglich auch die Genealogie und Chronologie.

12) Er ist reich, und hat seinen Pachtern oft die Rechnung selbst abgenommen; ergo ist er ein vortreflicher Rechenmeister.

13) Er tanzt zur Bewunderung der Zuschauer; sitzt vortreflich zu Pferde; ficht zum Erstaunen, ergo ist er ein Tanzmeister, Bereuter und Fechtmeister.

14) Er singt wie ein Castrat und spielt wie der selige Händel das Clavier und die Orgel;

gel; er ist also auch ein Musicant. Unfehlbar kann er auch vortreflich trenschiren, zeichnen, zierlich schreiben, drechseln, schnitzen u.s.w.

Urtheilen Sie, Herr Doctor, ob ich nicht ex ungue leonem erkannt und abgemessen habe.

Noch einen Punkt, theurester Kirchenlehrer, ehe ich schließe. Ich wage es, eine kühne Frage an Sie ergehen zu lassen, darf ich mir versprechen, daß ich Vergebung von Ihnen erhalte? Sie sind die Gütigkeit selbsten, meine Offenherzigkeit soll mich Ihrer Verzeihung würdig machen.

Ich empfinde bei mir einen Trieb zum ehelichen Leben, und ich bin Willens nach meiner Freimüthigkeit, Ihnen das Geständnis zu thun, daß mich eine junge Schöne, die einzige Tochter des hochadlichen Herrn Pastor Wendelins allhier gefesselt hat. Ich habe bereits oben gesagt, daß Sie das Vorbild aller meiner Handlungen sind, würden Sie mir wohl Hoffnung machen, sich noch in den Ehestand zu begeben? Sie scheinen noch ein rüstiger Mann zu seyn. Thun Sie es immer. Sir Carl ist ein Freund des Ehestandes, und

Sie

Sie haben, wie es scheinet, gnugsames Auskommen, eine Frau zu ernähren. Kein Theil der Nachahmung Ihrer verdienstvollen Person würde mir angenehmer und leichter vorkommen als dieser. Sollten Sie aber, wider Vermuthen nicht geneigt seyn, ehelich zu werden; so erzeigen Sie mir wenigstens die Gewogenheit und Ehre, in diesem Stücke der Abweichung von Ihnen, Dero Dispensation mir zu ertheilen. Ich erwarte mit Verlangen Ihre Entscheidung, um die Präliminarartickel meiner künftigen Ehe zu unterzeichnen; oder das ganze Werk vor der Hand abzubrechen. Unter der Wiederholung einer nicht gemeinen Hochachtung gegen Sie, mein werthester Herr Doctor, und das ganze Haus der Grandisonen nennet sich

Dero

demüthiger Verehrer
L. Wilibald.
Der W. W. Doctor:

XXI. Brief.

D. Bartlett an den Magister Wilibald.

Grandisonhall, den 12 Sept.

Hochedler, Hochgelahrter Herr,

Hochgeehrtester Herr Magister,

Ich war schon durch den Herrn von S. zubereitet, Sie zu lieben und zu verehren: Ihr Brief aber hat mich ganz bezaubert. Großbrittannien hat zwar viele große Geister aus seinem Schose hervorgesendet: wenn ich aber gerecht urtheilen soll; so kann man den Herrn M. Lampert Wilibald unserm Neuton getrost an die Seite setzen. Ewig Schade, daß ein solcher Mann, wie Sie, kein Präsident einer großen gelehrten Gesellschaft seyn, und dem menschlichen Geschlecht durch seine Empfindungen den Weg zur Glückseligkeit aufschließen soll! Sie urtheilen von dem Unterricht eines jungen Edelmanns mannes mit einer unnachahmlichen Scharfsinnigkeit; und ich glaube, Sie wären im Stande, das Herz und den Verstand eines Cronprinzen zu bilden, und dennoch einen Aufseher der Lustbarkeiten am Hofe abzugeben, wie die Kunstfeuer anzuordnen. Ich bin nunmehro alt; allein ich habe dennoch die Oberaufsicht über den jungen Grandison, und sehe, daß er von seinem Lehrer gehörig unterrichtet wird. Vielmals aber lege ich selbst mit Hand an, und vornämlich in den höhern Wissenschaften; ja ich hoffe, daß der junge Herr ein würdiger Sohn Sir Carls werden werde. Sie werden leicht muthmassen, daß ich dabei ein geruhiges und höchst angenehmes Leben führe. Diese Ruhe ist mir nunmehro um desto schätzbarer; weil ich mich einen grossen Theil meines Lebens außer meinen Vaterlande aufgehalten, und mit Jacob sagen kann: die Zeit meiner Wallfahrt ist 65. Jahr; wenig und böse ist die Zeit meines Lebens, und langet nicht von der Zeit meiner Väter in ihrer Wallfahrt. Wie sollte ich mir nunmehro in meinem Alter eine neue

Unruhe über den Hals ziehen, ein Weib nehmen; und wissen Sie, schätzbarer Freund, ich habe niemals einen rechten Trieb zum Ehestande gehabt, und ein englischer Geistlicher, wenn er größere Würden erlangen will, thut wohl, wenn er ein Junggeselle bleibt. Tillotson war der erste Erzbischoff von Canterbury, welcher eine Frau hatte. Sein Beispiel aber findet mehrere Tadler als Nachahmer. Da Sie hingegen in einer ganz anderen Verfassung stehen, und außerdem einen heftigen Trieb zum Beiliegen empfinden, so heirathen Sie: um den Verweisen Pauli zu entgehen. Ihr Freund, der Herr v. S. hat mir ohnedem schon etwas von Ihrer Liebe vertrauet, und wenn Sie die Schwürigkeiten heben können, so wird Sie Jungfer Hannchen zum glückseligsten Magister von Deutschland machen. Ihrem Gebet empfiehlet sich hiermit

Dero

gehorsamster Diener u. Verehrer
Bartlett.

XXII. Brief.

Der Magister an Herrn Carl Grandison.

Kargfeld, den 17. August.

Hochwohlgebohrner Herr Baronet,
Gnädiger Herr,

Wenn ich Eu. Excellenz ganz und gar unbekannt wäre, so würde es nöthig seyn, meine Unternehmung, Sie mit einem Schreiben zu belästigen, zu rechtfertigen: so viel ich aber weiß, hat Ihnen der junge Baron v. S. von meinem Herrn Principal sowohl, als auch von meiner Person, bereits umständliche Nachricht ertheilet. Dieses, und der besondere Auftrag meines gnädigen Herrn, werden mich entschuldigen, daß ich es wage, die Feder anzusetzen, und Eu. Excellenz schriftlich von der außerordentlichen Hochachtung zu versichern, welche sich in den Herzen eines jeden von dem hochadlichen Hause, gegen Sie und die Blume der Welt, Dero verehrungswürdigen Frau Gemahlin, veroffenbaret.

Es war vor kurzem Jedermann hier in der äußersten Bestürzung, wegen der betrübten Nachricht, welche wir neulich von dem jungen Herrn Baron aus Londen bekamen, daß Dero hochfreiherrliches Haus durch den tödlichen Hinritt, Dero Frau Großschwieger-Mutter, der alten Frau Shirley, in die tiefste Trauer wäre versetzet worden. Die fromme selige Dame verdiente es, daß unser ganzes Haus in Thränen schwamm, da diese schreckende Zeitung ankam. Der gnädige Herr trug mir sogleich auf, ein Condolenzschreiben, welches, wie ich hoffe, Ew. Excellenz durch den Herrn Baron, wird eingehändiget worden seyn, in seinem Namen aufzusetzen. Ungeachtet dieser hohe Todesfall, sich bereits vor drei Jahren ereignet hat; so glaubte doch weder mein Herr Patron noch ich, daß es zu späte wäre, desfalls eine Condolenz abzulegen. Wir wissen, daß, obgleich die äußerliche

che Trauer lange aufgehöret hat; Eu. Excellenz und Dero Frau Gemahlin doch niemals aufhören werden, diese vortrefliche Matrone in ihrem Herzen zu betrauren. Mein Herr Principal, der sich nunmehro für einem von den Ihrigen ansiehet, hat es unmöglich von sich erhalten können, diesen Trauerfall mit Stilleschweigen zu übergehen; er hat sich vielmehr aus allen Kräften bemühet, seine innerliche Trauer durch die gewöhnlichen äußerlichen Zeichen zu erkennen zu geben. Allen Unterthanen des gnädigen Herrn wurde auf 14 Tage eine allgemeine Trauer angesaget. Und wenn im Schlosse selbsten eine Leiche gewesen wäre, so hätten nicht so viele Thränen können vergossen werden, als während diesen 14 Tagen, da von 11 bis zwölf Uhr Vormittage, und von 3 bis 4 Uhr Nachmittage das Trauergeläute gehöret wurde. Jedermann wünscht, daß das theure Haus der Grandisonen vor allen dergleichen Trauerfällen, in Zukunft lange bewahret, und bis in die spätesten Zeiten erhalten werde.

Es ist mir bekannt, daß Eu. Excellenz ein großer Kenner der Werke der Gelehrsamkeit sind; ich weiß daß Dero gelehrtes Tagebuch mit den vortreflichsten Inscriptionibus, die man bei dem Grutero vergeblich sucht, mit Chronostichis, Chronodistichis, seltenen Anagrammatibus und andern dergleichen schätzbaren Dingen, aus den alten und neuern Zeiten pranget, gleich einem prächtigen Lustgarten, der mit allerley fremden und seltsamen Gewächsen ausgezieret ist. Ich schließe daher sehr sicher, daß Sie ein großer Liebhaber, und ein eben so großer Kenner von dergleichen wichtigen Erfindungen sind. Dadurch wurde ich bewogen, da mir insbesondere der Todesfall Ihrer Frau Großschwiegermutter die beste Gelegenheit darboth, mich in dieses, von mir bishero unbearbeitete Feld der Gelehrsamkeit zu wagen. Kein andrer Bewegungsgrund, als die Hochachtung gegen die verdienstvolle selige Matrone hat mich veranlasset, diejenigen Aufsätze zu verfertigen, welche sich dem scharfsichtigen Auge Eu. Excellenz im Anschlusse darstellen.

len. Könnte ich mir schmeicheln, daß diese meine Geburten Ihnen nicht misfielen, oder vielleicht gar auf Dero Beifall einen Anspruch machen dürften, so würde dieses zu einem edlen Stolz verleiten

Eu. Excellenz

unterhänigen Diener
und nachahmenden Verehrer
M. L. Wilibald.

Anschluß.

Erste Numer.

Aufschrift eines Epitaphii, welches der seligen Frau Shirley könnte errichtet werden.

Q. F. F. Q. S.
VIATOR.
QVICVNQVE. ES.
ADSTA.
ET. HOC. MONIMENTO.
MONITVS.
VENERARE. MANES.

MATRONAE. VENERABILIS.
HENRICAE. SHIRLEIAE.
EQVITIS. ANGLICANI.
EIVSDEM. NOMINIS.
VIRI. NON. MINVS. ERVDITI.
QVAM. GENEROSI.
VIDVAE.
OMNES. FELICITATIS. GRADVS.
EMENSA.
FELIX. FELICIOR. FELICISSIMA.
FACTA.
VIRTVTIBVS. FELIX.
RELIGIONE. FELICIOR.
INTER. CAELITES. NVNC.
FELICISSIMA.
SI. VITAM. QVAERIS. PAVCA.
CAPE.
NON. FVIT. FVIT. NON. EST.
ERIT.
HAEC. SCIRE. TVA. INTERFVIT.
VIATOR.
SED. SCIRE. TVVM. NIHIL. EST.
NI. SCIAS.
PROGENERVM. DEFVNCTAM.

HA-

HABVISSE.
VIRVM. SVI. NOMINIS.
CAROLVM. GRANDISONEM.
IAM. IN. REM. TVAM. ABI.
AC. MANIBVS.
QVIETEM. P.

❧ ✻ ❧

Zweite Numer.

Ein Chronodistichon, welches unmasgeblich auf eine Gedächtnismedaille, der Wohlseligen zu Ehren, könnte geschlagen werden.

FraV ShIrLeI VVIrD, Der kVrzen Tage satt,
VVIeVVohL genVg betagt, gebraCht In DIese RVhestatt.

✻ ✻ ✻

Dritte Numer.

Ein Anagramma, welches etwann unter das Bildnis der seligen Frau, oder sonst wohin könnte gesetzet werden.

Frau Henriette Shirlei.

Durch Buchstabenwechsel.

Ja, reis' hin! = Fleuch Retter!

Erklärung.

Ja, ja, reis' hin mein Geist nach jenen frohen Auen,
Hier kannst du Canaan nur von dem Nebo schauen;
Dort aber setzest du den Fuß bald selbst hinein,
Dort wird es besser, als hier in der Wüsten seyn.
Fleuch Arzt du Retter fleuch und kerkre nicht die Seele
Noch länger, durch die Kunst, in dieses Leibes Höhle.
Sie macht sich Banden los; weg mit der Arzenei,
Der Lebenstocht verglimmt, der Faden reißt entzwei!

N. S. Ich war eben im Begriff einige lateinische Chronodisticha und Anagram-

mata

mata zu verfertigen, um solche zugleich mit an Eu. Excellenz zu übersenden; ich werde aber eben zur Tafel gerufen, und darf meinen Gönner nicht auf mich warten lassen. Ich eile, meinen Brief zu siegeln.

XXIII. Brief.

D. Bartlett an den Magister Wilibald.

Grandisonhall, den 14 Sept.

Hochzuverehrender Herr Magister,

Auf Befehl meines gnädigen Herrn, Sir Carl Grandisons, soll Eur. HochEd. für die übersendete Inscription auf das Grabmaal der seligen Frau Shirley den verbundensten Dank abstatten. Sie haben wirklich einen glücklichen Einfall gehabt. Sir Carl ist dadurch ermuntert worden, sogleich einen prächtigen Marmor über der Gruft berührter Dame setzen, und die von Ihnen verfertigte Aufschrift einhauen zu lassen. Das Chronodistichon aber und das Ana-

Anagramma sind Goldeswerth, und werden heilig aufgehoben, und von Kennern für die äußerste Anstrengung des menschlichen Witzes gehalten. Unsere Nation ist in diesen Künsten noch ganz unwissend. Wundern Sie Sich also nicht, gelehrter Freund, wenn Sie die königliche Gesellschaft der Wissenschaften in Londen, zu einem Mitgliede angenommen hat, und Ihnen durch mich das Patent davon übersendet. Sie sind dieser Ehre würdig, und Jedermann wünschet Ihnen Glück. Fahren Sie fort, schätzbarer Freund, die Ehre Deutschlands zu befördern, und der ganzen gelehrten Welt zu dienen. Denken Sie aber auch dabei an

Dero

aufrichtigen Freund,
Bartlett, Doctor.

N. S. So bald die Stempel zur Gedächtnismedaille auf die selige Frau Shirley, auf welche das wohlausgedachte Chronodistichon, das Sie verfertiget haben, gesetzet werden

den soll, gestochen ist; habe ich das Vergnügen, Ihnen die ersten Abdrücke dieser Medaille, als eine geringe Erkenntlichkeit für Dero gelehrte Bemühung, auf Befehl meines Gönners, zu übersenden. In Gold wird sie 10 Ducaten wiegen, an Silber aber wird sie einem Speciesthaler gleich seyn. Sir Carl hat auf seinen Gütern 1000 Klaftern Holz schlagen lassen, um die Kosten dieser Gedächtnismünze davon zu betreiben.

Beilage zum vorigen Brief.

Nachdem Wir, Präsident, Director, und übrige Mitglieder der königlichen Gesellschaft der Wissenschaften, die seltenen Verdienste in sinnreichen Aufschriften, Buchstabenveränderungen und andern dergleichen Erfindungen, des Hochedlen und Hochgelahrten Herrn, Herrn Lampertus Wilibalds, der Weltweisheit Doctors, erfahren, und einige vortrefliche Proben davon gesehen: So haben wir nach reiflicher Ueberlegung für gut befunden, belobten Herrn Magister Lampert Wilibald, als ein Mitglied unserer Gesellschaft anzu-

anzunehmen, und ihm darüber gegenwärtiges Patent auszuhändigen:

Es kann also gedachter Herr Lampert Willbald, künftighin aller Rechte eines Ehrenmitglieds sich bedienen, den Titel eines Membri honorarii führen, und in allen Fällen sich Unsers Schutzes getrösten. Dabei aber wird er von Uns ermuntert, ersucht und gebeten, daß er ins künftige alle Monate etwas sinnreiches ausarbeite und nach Londen an Unseren Secretaire einschicke. Als,

im Januario kann er ein Aenigma, im Februario ein Anagramma, im Martio ein Eteostichon, im April. ein Acrostichon, im Maio ein Palindromon oder versum cancrinum, im Junio ein Aequidicum, im Julio ein Echo, im Augusto ein Logogriphum, im September ein Epitaphium, im October ein Onomasticum, im November ein Sonet, im December ein Madrigal verfertigen, und eine Belohnung gewärtig seyn.

Un-

Urkundlich haben wir dieses Decret eigenhändig unterschrieben und mit Unserm Gesellschaftssiegel bedruckt. Londen den 6 Septemb. 1759

(L. S.)

Horatius Sherbury.

Nathanael Hervey.
beständiger Secretair.

XXIV. Brief.

Der Herr v. N. an Sir Carl Grandison.

N. hall, den 1 Septembr.

Hochwohlgebohrner Baronet,
Vornehmer Freund und Gevatter.

Meine Bauren die Schlingel liegen mir heftig an, innliegende Supplik an Sie, mit einer guten Recommendation zu unterstützen. Ich weiß nicht, wer es den

den Vögeln muß weiß gemacht haben, daß Sie der große Mann sind, der sich eine Freude daraus macht, allen armen Teufeln gutes zu thun. Sie haben das gute Vertrauen zu Ihnen, Sie würden es nicht übel deuten wenn sie den hochgeehrten Herrn Gevatter um eine Gnade ansprächen, und sie hoffen in Ansehung meines gültigen Vorspruchs keine abschlägliche Antwort zu erhalten. Ich will selbst die Gewährung dieser Bitte als das erste Freundschaftsstückgen ansehen. Sie haben mich zwar zu Gevattern gebethen, und das habe ich auch in allem guten vermerkt: wenn Sie aber meinen Unterthanen wiederum zu einer großen Schelle auf den Thurme helfen wollten; so würde ich das lieber sehen, als wenn ich von allen ihren Anverwandten die Reihe herum zu Gevattern gebethen würde.

Was macht den mein Pathgen gutes. Ich habe ein rechtes Verlangen, das kleine Ding zu sehen. Wenn mir Doctor Faust seinen Mantel borgte, so führe ich noch heute auf sol-

chen,

chen, nach Engelland zu Ihnen. Seitdem Sie mich zu Gevattern gebethen haben, ist mir eine große Lust angekommen, selbst einmal taufen zu lassen. Ich bin der Jüngsten eben keiner; ich bin aber doch auch kein Hagestolz. Wenn ich eine Henriette finden kann, so werde ich Ihrem Beispiele folgen und mich verheirathen. Ich kann es nicht leugnen, es ist ein hübsches Mädgen in meiner Nachbarschaft, auf die ich ein Auge habe. Es sind tausend Dinge, wonach ich mich erkundigen wollte, und von denen ich genaue Nachricht haben möchte; mein Bartlett, der Magister Lampert, soll deswegen an meinen Neffen schreiben, geben Sie diesem von allen umständliche Nachricht. Machen Sie meine Empfehlung bey Ihrer Frau Liebste, ich lasse ihr zum glücklichen Kirchgange, wie ich hoffe, gratuliren. Ihren Schwestern und Schwägern, dem guten ehrlich Oncle Selby und allen die mich kennen, empfehlen Sie mich. Ich verharre

Meines werthen Herrn Gevatters

gehorsamster Diener

v. N.

XXV. Brief.

Die Gemeinde zu Kargfeld an Herrn Carl Grandison.

den 26 August.

Hochwohledelgebohrner,
Gestrenger Herr,

Ew. Hochwohledelgebohrne und gestrenge Herrlichkeiten wird wohl aus den öffentlichen Avisen nicht unbekannt seyn, welcher Unglücksfall unsern armen Ort, das Hochadliche Gerichtsdorf Kargfeld am 27 Julius jetztlaufenden Jahres zwischen 11 und 12 Uhr Vormittage betroffen hat. Es hatte nämlich unser gestrenger Herr, der Hochwohlgebohrn. Herr Ehrhard Rudolph v. N. Erb = Lehn und Gerichtsherr auf Kargfeld Dürrenstein et caet. den 19 obbemeldeten Monats eine ehrbare Gemeinde fordern, und da männiglich im hochadlichem Schloßhofe er-

erschien, durch den Herrn Hofmeister, Ehrn M. Lampert Wilibald anzeigen lassen: daß eine gewisse hochadliche Matrone aus der Familie unsres Erbherrn in Engelland Todes verfahren wäre, und dieserwegen christl. Gebrauch nach, das gewöhnliche Trauergeläute 14 Tage lang, jeden Tag zwo Stunden, sollte angeordnet werden. Sämmtliche Gemeinde versprach, nach dem Befehle des gestrengen Junkers sich gebührend zu achten. Der Herr Schulze forderte alle Tage 2 Fröhner zum Geläute. Am 27 Julius, da Adam Riese und Georg Velten zur Fröhne litten, börstete die große Glocke. Die Leute machten allerlei Auslegungen darüber, einige wollten sagen, die beiden Nachbarn, welche damals läuten mußten, hätten die Glocke gestohlen und eine von Topf davor in den Glockenstuhl gehänget. Nachdem sie aber von den Geschwornen ist besichtiget worden, hat es sich gefunden, daß die rechte Glocke zwar noch an Ort und Stelle ist; aber einen gräßlichen Riß bekommen hat. Da nun durch dieses Unglück unsere liebe Kirche ihren Schmuck und der Kirchthurm seine Baßstimme verlohren hat; unsere Gemeinde aber, seit der Schwedenzeit, wegen vieler Unglücksfälle, die aus dem Kirchenbuch, sub littera A ausgezeichnet, zu ersehen sind, auf das äußerste herunter gekommen ist, daß es nicht in ihren Kräften stehet, wiederum eine tüchtige Glocke gießen zu lassen; das liebe teutsche Vaterland auch durch den schädlichen und landverderblichen Krieg dergestalt mitgenommen ist, daß wir uns keine sonderliche Beisteuer daraus versprechen können: so ergehet unsere demüthige Bitte an Eu. Hochwohledelgebohrne und gestrenge Herrlichkeit, Sie wollen durch Ihr vielgeltendes Vorwort, bei der hohen Obrigkeit Ihres Landes es dahin bringen, daß in ganz Engelland eine Collecte für unsere arme Kirche eingesammlet, und uns solche getreulich übersendet werde. Solche hohe Gnade werden wir nicht nur mit geziemenden Danke erkennen; sondern auch dem Glockengießer anbefehlen, Eu. Hochwohledelgebohrnen hohen Namen, oben über unsers Gerichtsherrn und des Herrn Pfarrers Namen

dank

dankbarlich an die neue Glocke zu setzen. Verharrende

Eu. Hochwohledelgebohrnen und gestrengen Herrlichkeit

Kargfeld, 1759

unterthänige
Hanns Sachs,
Schultheiß.

Lorenz Lobesan,
Ludimagister und Gemeindeschreiber, concepit.

Thomas Hebebaum,
Gemeinde Vorsteher.

Sebastian Kleinmann,
Kirchvater.

A.

Auszug des Kirchenbuches zu Kargfeld, was für Unglücksfälle besagten Ort seit der Schwedenzeit betroffen, und wodurch die Gemeinde daselbst gar sehr mitgenommen worden ist.

Anno 1634 den 9 Junius marschirte die schwedische Armee unter dem General Baner durch das Dorf, die Bagage ging hinten weg. Die Reuter haußeten sehr übel.

 Sie

Sie zogen ihre Pferde in die Stuben, und haben Matthesen ein ganz Gebräude Bier ausgesoffen. Im Schlosse lag der Stab.

1637 den 3 August kam der General Pallasch, (dieser Name ist sehr undeutlich geschrieben, der Herr Pfarr sagt, er hieße Gallas,) mit einem Corpo Kaiserlichen bei hiesigem Dorfe an, und lagerten sich auf dem Gänserasen. Die Nachbarn mußten ihnen Essen und Trinken hinaus tragen. Des Nachts hieben sie die Satzweiden um und machten viele Wachtfeuer davon. Der Herr Pfarr behielt nicht einen Korb voll Rüben auf seinen ganzen Acker. Des Morgens fuhr die Herrschaft hinaus ins Lager, welches vielen Leuten nicht gefallen wollte.

1642 des Abends vor Petri Stuhlfeier kam ein Trupp Reuter in das Dorf und quartierte sich ein. Der Herr Pfarrer mußte den Hauptmann einnehmen, der schalt ihn einen Pfaffen und seine Frau noch ärger. Des Morgens wollten sie Schulzens Ilsen mit-

mitnehmen, und hatten sie schon auf ein Pferd gesetzt; sie wurde aber wieder losgebeten.

1653 wurde das neue Schloß zu bauen angefangen. Da gieng es an ein Fröhnen, alle neun Tage kam die Reihe herum.

1657 den 11ten December in der Nacht, kam bei der tollen Aenne Feuer aus, welches 9 Häuser mit Scheunen und Ställen verzehrte.

1671 starben viele Leute, das trug mir und dem Herrn Pfarrer etwas ehrliches ein.

1677 wurde Martha, Saufsteffens Wittib, wegen des Verdachts, daß sie eine Hexe wäre, eingezogen. Ich hatte immer wegen ihrer rothen Augen kein gutes Vertrauen zu ihr. Ob ich gleich von ihren Kindeskindern kein Schulgeld nahm; so hat sie mir doch, weil ich das eine Mädchen geschlagen, durch ihr giftiges Anhauchen, bei nüchternem Morgen, einen dicken Backen gemacht. Des Herrn Pfarrers

Gänse hat sie alle in einer Nacht gesterbet, und ihnen die Köpfe abgebissen, als wenn es das Ratz gethan hätte. Sie konnte sich in eine schwarze Katze mit feurigen Augen verwandeln, und hat mir einmal selbst in dieser Gestalt, da ich aus der Schenke nach Hause gieng, begegnet. Der Böse ist in Menschengestalt bei ihr ein und ausgegangen; hat seinen Kuhfuß aber doch nicht recht verstecken können, ob er gleich oftmals Stiefeln angehabt.

1678 wurde diese Unholdin vor dem Dorfe auf dem Anger verbrannt. Sie ist auf die 20 und mehrmal auf dem Blocksberge gewesen, und Steffgen ist alle Jahr 2 mal bei ihr eingefahren, ob er gleich niemals, außer das letzte mal, ist gesehen worden.

Fürm Drachen uns bewahre Gott
Und trage uns aus aller Noth.

1680 zu Ende des Jahres und zu Anfang des folgenden, stund ein großer Comet über unserm Dorfe, und kehrte den Schwanz gerade nach dem Edelhofe zu. Etliche mein=

meinten, der alte Herr würde es wohl nicht lange mehr machen.

1683 rückte der Türke vor Wien, vom 29 August dieses Jahres bis zum 14 des Christmonats, da die erste Nachricht in unser Dorf kam, daß die Türken von Wien weggeschlagen wären, mußte ein Mann aus der Gemeinde Tag und Nacht auf dem Thurme wachen, um ein Zeichen zu geben, wenn er Türken sähe, damit sich Jedermann retten könnte.

1687 im Julius wurden durch ein schweres Ungewitter alle Feldfrüchte in unsrer Fluhr verhagelt.

1692 kurz vor der Erndte fiel ein Volk Heuschrecken auf unsere Krautländer, deswegen mußte die ganze Gemeinde durch schreien, schießen, trommeln und allerhand Geräusche sie zu vertreiben suchen; es wollte aber nichts helfen, bis ich selber meine Stimme erhob, und auch so glücklich war, daß ich sie in einer halben Stunde alle aus unsrer Flur wegschrie. Davor bekomme ich jährlich auf Jacobstag 2 Kannen Bier.

1699 in der Nacht vom 13 auf den 14 Hornung brachen die Diebe im Schlosse ein; der Nachtwächter und des gnädigen Herrns Bollenbeißer verjagten sie aber, daß sie nichts wegbringen konnten.

1709 war so ein grimmig kalter Winter, daß die Orgel mit heißen Steinen mußte erwärmet werden, damit der Wind in solcher unter der Music nicht einfrieren und der Generalbaß gehemmet werden möchte.

1713 fiel N. N. der Gemeindevorsteher mit einer Weibsperson von der Bank, und kam deswegen vom Dienste.

1719 wurde Herr Lorenz Lobesan Schuldiener und Küster in Kargfeld.

1722 im August wollte der kleine Samuel von einem Kornfuder herunter springen, und brach ein Bein.

1728 in diesem Jahre hat das Vieh nicht gedeihen wollen. Es kam ein gewaltiges Sterben unter die Bienen, meine zwei Stöcke giengen auch darauf. Bernd dem Scheerenschleifer ist im Frühjahr ein Schwein ersoffen. Hin und wieder ist auch durch die großen Wasser vieler Schade geschehen.

1735 den 19 October hätte sich der Herr Schulmeister auf einer Kindtaufe, da er einen Braten trenschiren wollte, beynahe den Daumen weggeschnitten.

1744 gieng wieder ein Comet knapp über unsern Dorfe weg, wer oben auf der Spitze des Kirchthurms gewesen wäre, hätte ihn leichtlich mit der Hand erlangen können.

1759 den 20 April marschirten etliche Regimenter Kaiserliche Türken durch das Dorf, welches Jedermann in große Furcht und Schrecken setzte. Mir haben sie 2 Gänse und dem Schulzen ein Schwein mitgenommen. Das waren barbarische Leute.

il fin.

XXVI. Brief.

Fräulein Amalia an ihren Bruder.

Schönthal, den 9. Sept.

Fräulein Julgen ist eben von mir weg, ich schicke mich dahero an, meinem geliebtesten Bruder von den hiesigen Begebenheiten, meinem Versprechen gemäß, getreue Nachricht zu ertheilen. Ich weiß nicht, ob ich meine Erzählung von dem Fräulein von W. oder von unserm Oncle anfangen soll, beide geben mir sehr viel Materie an die Hand. Nur ein paar Worte von Fräulein Julgen. Die gottlose Stiefmutter will sie durchaus in einen Stift thun, sie kann sie nicht vor Augen sehen. Die böse Frau ist ein rechtes Marterholz für das gute Kind. Diesen Morgen kommt sie in ihr Zimmer: Ich werde Ihnen Glück wünschen müssen, liebes Julgen, der Herr von N. unser guter Freund und Nachbar wird mit ehestem um sie anhalten.

anhalten. Gestehen Sie es nur, Sie sind Ihm nicht gram, ich merkte es wohl, beim Feuerwerke, wie Sie doch so schlau lächeln konnten, wenn er scherzte. Nicht wahr, Sie sind Ihm ein Bisgen gut? Die unverschämte Frau! das liebe Kind mit einem Liebhaber, der Ihr Großvater seyn könnte, zu peinigen, Sie kann es nicht verantworten. Sie spricht, Julgen hätte die Wahl, entweder in den Stift zu gehen, oder den Herrn v. N. zu heirathen. Sie scherzet in der That, der Scherz ist aber so unrecht angebracht, daß das Fräulein sich zu Tode darüber ärgern möchte. Ich weiß daß du meiner Freundinn dein ganzes Mitleiden schenken wirst. Ich will diesen traurigen Affect nicht weiter regen; unser Oncle liefert scherzhaftere Auftritte, durch die Niemand sonderlich beleidiget wird; inzwischen wünschte ich doch, daß wir nicht auf Kosten des Bruders unsrer Mutter lachen dürften. Nun ist die Sache nicht mehr zu ändern, wir würden uns vergebens bemühen, ihm eine Grille, die er sich so feste in den Kopf gesetzt hat, auszureden. Manchmal kommt es mir

vor,

vor, als wenn er wirklich Vortheil daraus gezogen hätte. Er flucht in der That nicht mehr so grimmig, wenigstens nicht mit so anstößigen Worten als ehedem.

Neulich hat er in seinem Hause wiederum eine Aenderung vorgenommen; der Coffee ist daraus verbannet worden. Frühe Thee, Nachmittags Thee, auf den Abend Thee; es mag kommen wer da will, der muß Thee trinken. Warum? Sir Carl Grandison trinkt vor und Nachmittage Thee, und in Engelland ist es Mode, die Gäste mit Thee zu bedienen. Unser Oncle trinkt alle Tage eine ziemliche Portion davon. Nun, denke ich, hat er sich eher für der Wassersucht, als für der Schwindsucht zu fürchten. Vor einigen Wochen, da er eben anfieng zu grandisoniren, erzählte er mir, daß er vorgestern den Anfang gemacht hätte, seine Leidenschaften zu überwältigen, dieses gab uns zu einer Unterredung von einem seltsamen Innhalte Anlaß, der noch einen seltsamern Erfolg hatte. Ich schrieb sie auf, sobald ich nach Hause kam, um dir solche mitzutheilen. Hier ist sie.

Der Oncle. Das sollen Sie sehen, Fräulein Base, daß ich alle meine Leidenschaften, noch vor Ausgang der Woche, völlig in meiner Gewalt haben will.

Amalia. Das ist ein sehr edler Entschluß, Herr Vetter, der Ihnen wirklich Ehre macht; gesetzt, daß Sie auch mit dieser Unternehmung nicht so schleunig zu Werke gehen könnten, als Sie wohl denken.

Der Oncle. Nein nein, wenn ich mir etwas vornehme, so muß es durchgesetzt werden, es koste auch was es wolle. Das wäre der Teuf = =, das wäre doch viel, sage ich, wenn ein Mann der in Italien mehr als 100 Köpfe commandiret hat, seinen eigenen Schädel nicht könnte zurechte bringen!

Amalia. Erlauben Sie, Herr Vetter, ich halte es viel leichter, andrer Leute Köpfe zu commandiren, als seinen eigenen.

Der Oncle. Was der Donnerstag und das Wetterglas wäre es denn auch für eine Kunst, wenn es keine Schwürigkeiten hätte.

Ich

Ich weiß wohl, daß sich meine Leidenschaften, die Canallien, wider mich empören werden; aber der Himmel sei ihnen gnädig, wo sie sich regen. Ich habe wohl eher einen Eisenfresser von einem Kerl, der nur so aussahe, als wenn er mit meinem Commando nicht zufrieden wäre, krumm schließen, und unter die Pritsche werfen lassen, sollte ich denn nicht meine närrischen Affecten eben sowohl bezwingen und unter die Bank stecken können?

Amalia. Ich habe das beste Zutrauen zu Ihnen; und wenn ich mir gleich nicht vorstellen kann, daß Sie so geschwinde von sich Meister werden: so hoffe ich doch, daß Sie es, in kurzer Zeit, mit Bezwingung Ihrer Leidenschaften, sehr weit bringen werden.

Der Oncle. Nicht doch, nicht doch! Was ich einmal gesagt habe, dabei bleibt es. Die Hunde, die bösen Leidenschaften, müssen vor Sonnabend Abend alle dort in meiner Schwester Strickbeutel stecken. (ich lachte.) = Sie lachen? = Wollen Sie mir nicht glauben? Wohlan, Sie sollen Wunder und Zeichen sehen.

hen. Sie denken, es wäre etwas, das ich mir gar nicht abgewöhnen könnte = = Der Brandewein = Nicht wahr? Sie haben Recht, es wird eine große Ueberwindung kosten. Das, und noch ein paar eingewurzelte Hausflüche sind noch Ueberbleibsel von dem Soldatenleben. Aber bei meiner Ehre, diesen habe ich bereits den Laufzettel gegeben, und mit jenem werde ich kurz Federlesen machen.

Ich war in der That sehr froh, daß er diesen Vorsatz hatte. Wenn es doch sein könnte, dachte ich. Ich muß ihn bei diesen guten Gedanken zu erhalten suchen, ich reizte seine Ehrbegierde.

Amalia. Alles will ich Ihnen gern glauben; aber daß Sie diesen heldenmüthigen Entschluß glücklich ausführen sollten, das traue ich Ihnen nicht zu. Indessen ist Ihr Vorsatz, eine Gewohnheit zu unterlassen, die Ihrer Ehre oft Eintrag gethan hat, so vortrefflich, daß er, wenn er auch gleich nicht zur Wirklichkeit käme, Ihre Ehre doch in meinen Augen wieder herzustellen scheinet. Ich kann nicht leugnen, Leute die dem Trunke ergeben sind, und besonders ein Getränke lieben, darinne sich nur der Pöbel übernimmt, sind mir verächtlich, sie mögen seyn wer sie wollen. Sehen Sie, ich rede offenherzig, Herr Vetter; ich rede so mit Ihnen, wie ich mit dem Sir Grandison reden würde, wenn ich ihn jemals trunken gesehen hätte.

Mein Oncle stieg stillschweigend auf, und gieng aus den Zimmer, ich dachte er wäre böse. Kurz darauf kam er wieder mit der gewöhnlichen Flasche im linken Arme, und einem Römer in der Hand. Er setzte Beides auf den Tisch.

Der Oncle. Nun sollen Sie sehen, daß ich im Stande bin, dasjenige auszuführen, was ich mir einmal vornehme. Hier an diesen Werkzeugen des Teufels, (er wies auf die Flasche und das Glas) will ich eine schreckliche Execution ausüben.

Er eilte damit zum Fenster, ich hielt ihn zurück. Lassen Sie Ihre Rache nicht auf

die

die Unschuldigen fallen. Was hat die arme Flasche gethan, daß Sie so barbarisch mit ihr umgehen wollen? Wenn Sie eine Rache üben wollen, so thun Sie es an ihrem Feinde, denn Getränke, das die Flasche aufbehält, dieses verdienet ihren Unwillen.

Ich nahm die Flasche, und wollte den Brandewein zum Fenster hinaus schütten.

Der Oncle. Leichtfertige Base, was wollen Sie machen, Sie werden doch nicht Gottes Gabe auf die Gasse schütten?

Amalia. Ja, das will ich. Es wird in Absicht auf den Misbrauch, der damit vergehen könnte, ein gutes Werk seyn, wenn ich es wegschütte.

Der Oncle. Nein, ich werde nicht zulassen, daß Sie meinetwegen sündigen. Ich will das Bisgen Couragewasser, das noch in der Flasche ist, austrinken, dieses wird meinen Muth stärken, daß ich in dem Vorsatze beharren kann, dieses schädliche Getränke auf ewig zu verschwören.

Amalia. Mein gutes Zutrauen gegen Sie wird sich wieder verliehren, wenn Sie dieses thun. Haben Sie ohne Ihren Leibtrank nicht Muth genug ihre bösen Leidenschaften zu beherrschen; so werden Sie bei demselbigen noch viel weniger im Stande seyn Ihr Vorhaben ins Werk zu richten.

Der Oncle. Ha, ha! Bäsgen, über ihre Rockenphilosophie lache ich. Meine Ehre setze ich zum Pfande, daß ich meinem Leibtranke heute gute Nacht gebe.

Er schenkte sich in der Geschwindigkeit ein Glas nach dem andern ein, trank auf ein ewiges Lebewohl, auf Nimmerwiedersehen, auf das glückliche Halsbrechen seiner Flasche, und s. w. Da sie leer war, schien er tiefsinnig zu werden, er gieng dreimal die Stube auf und ab, mehr als einmal öffnete sich sein Mund zum Reden, er war aber nicht im Stande ein Wort hervorzubringen. Endlich fieng er plötzlich an: Nichts! Keine Einwürfe! Entferne dich auf ewig du Ungeheuer von einer Leidenschaft. (Er ergriff die Flasche.) Lebe wohl du redliche Gefehrtin meiner Tage.

Du

Du mein Labsal hast mich oft ergötzet. Dein Nektar erwärmte mich, da ich über den kalten Alpen stieg, und erquickte mich, wenn mich die Sonnenhitze in Italien entkräftet hatte. Ich beweine dein Schicksal, meine beste Freundinn: aber es ist besser, daß ich dir den Hals breche, als daß du mir eine betrübte Erinnerung, oder wohl gar wiederum ein quälendes Verlangen nach den Wohlthaten erregest, die ich ehedem aus dir genossen habe. O Grandison, Grandison! Wüßtest du meinen heroischen Entschluß, du würdest ihn billigen. Er riß das Fenster auf, und warf die getreue unschuldige Flasche mit dem Römer wider eine unbarmherzige Mauer, daß beide in tausend Stücke sprangen. Ich ließ ihn gehen. Bis hieher ist er seinem Vorsatze getreulich nachgekommen, und hat nicht das geringste Verlangen nach seiner Panacee, wie er es nennte, merken lassen. Dahero trinkt er eine abscheulige Menge Thee und ein gut Glas Wein. Seine Gesundheit hat nichts gelitten. Manchmal komme ich auf die Gedanken, daß wir unserm Vetter ein rechtes Freundschaftsstückgen, durch deine Erfindungen erwiesen haben; manchmal bin ich aber auch auf uns alle böse. Du hattest einmal in einem Briefe den Tod der Frau Shirley berichtet, unser Vetter legte deswegen tiefe Trauer an, wir trauerten nicht, und fuhren nach Kargfeld, um einen Besuch bei ihm abzulegen. Solltest du wohl glauben, daß er uns den Thorweg vor der Nase zumachen ließ? Wir mußten umwenden. Meine Schwester und ich verschworen es, seine Thürschwelle jemals wieder zu betreten. Mein Schwager hat seinen Spaß darüber. Er zog sich den andern Tag schwarz an, als wenn seine Mutter gestorben wäre, wir mußten unsres Protestirens ungeachtet mit ihm fahren. Verwünscht! Ich mußte eine schwarze Florkappe überheugen; meine Schwester auch. Nie habe ich mich so sehr geschämet als damals. Das ist wohl die erste alte Frau aus einem Roman die wirklich ist betrauret worden. Unser Oncle ließ gar läuten; und wenn der Pfarrer wäre zu bewegen gewesen, so hätte die gute Frau eine Gedächtnißpredigt, und

eine

eine Parentation bekommen. Ueber diesen Possen ist die Glocke in Kargfeld gesprungen, unser Oncle soll eine neue gießen lassen oder die Bauren wollen ihn verklagen. Es gehet die Rede, der Magister hätte der Gemeinde in Kargfeld unter dem Fuß gegeben, sie sollten eine Bittschrift an den Sir Grandison aufsetzen, und um eine Collecte für die Kirche bei ihm anhalten; vielleicht ist es etwan schon geschehen. Der Pastor Wendelin hat am Sonntage vor 8 Tagen, unsern Vetter dergestalt abgekanzelt, weil es eben der Text so mit sich brachte, daß alle Bauren nach dem adlichen Stuhle gesehn haben. Von unsern Familien Umständen weiß ich nichts zu sagen, als daß meine Schwester immer bishero gekränkelt hat. Es kann seyn, daß unser Oncle in einem halben Jahre zweimal Gevatter wird. Nun habe ich mich von Neuigkeiten so ausgeleeret, daß ich nichts mehr zu sagen weiß, als eine alte Wahrheit: daß nie ihren Bruder zu lieben aufhören wird, dessen

aufrichtig ergebene Schwester

Amalia v. S.

XXVII. Brief.

(Die zwei folgenden Briefe waren in den vorigen eingeschlossen.)

Schönthal den 6 Septembr.

Lieber Bruder,

Der Magister Sancho ist ganz unruhig. Seine Clementine will noch nicht so recht tiefsinnig werden; und er hat sich doch vorgenommen, ihr nicht eher mit seiner Gegenliebe zu Hülfe zu kommen, als bis sie halb rasend ist.

Wenn er sie in den Pommeranzenwäldgen antrifft, so geht sie, um ihre Glut zu verbergen, in den Griechischen Tempel; oder deutlicher zu reden: sie springt durch die Johannisbeerbüsche in das Gartenhaus. Er verfolgt sie, und sie will wieder ausreißen. Darauf schreiet er: bin ich denn ein getalischer Löwe, oder ein grausamer Tieger, daß

Sie so vor mir laufen? Sie seufzet, sie sieht ihn schmachtend an, und spielt ihre Person vollkommen wohl. Dieses verstellte Wesen macht den größten Eindruck in ihn. Er kam gestern mit einer tiefsinnigen Mine zu mir, da ich eben in Kargfeld einen Besuch abstattete, und wir hatten folgende Unterredung.

Der Magister. Ach, gnädiges Fräulein! ich muß Ihnen meine ganze Schwäche entdecken = Hannchen dauert mich, = das gute Kiud empfindet die Liebe; sie weiß aber nicht was ihr fehlt. Sie will wie Clementine blaß werden, und sich auszehren.

Amalia. Sie sind doch ein grausamer Mensch, daß Sie mit dem guten Kinde so verfahren. Gehn Sie, und entdecken Sie ihr dasjenige, was Sie empfinden, ehe das arme Mädchen stirbt.

Der Magister. Nein, das kann ich noch nicht. Soll der Roman nach Italienischen Gusto ausgeführet werden; so ist in einem halben Jahre, noch an keine ausdrückliche Liebeserklärung zu denken.

Amalia. Ich dächte aber, da weder die Religion noch der General im Wege ist; so könnte die Sache etwas abgekürzt werden.

Der Magister. Nein, das geht profecto nicht an. Wenn Sie aber Frau Beaumont seyn, und meine Clementine ausforschen wollen; so thun Sie mir eine Gnade.

Amalia. Ich bin schon etliche mal die forschende Frau Beaumont gewesen; Hannchen aber hat nicht die aufrichtige Clementine seyn, und mir das Geheimnis ihres Herzens anvertrauen wollen. So viel aber merke ich: sie ist verliebt.

Der Magister. Gehn Sie nur recht auf den Grund. Sie müssen ihr Herz bis auf die ersten Bestandtheile analisiren, die sich nicht weiter zergliedern lassen. Sie müssen meinen Namen nennen, und sehen, ob sie roth wird; Sie müssen meine Gelehrsamkeit, mein Ansehen in der gelehrten Welt, und die Hoffnung zu großen Ehrenstellen rühmen, und auf alle Blicke dieses schlauen Kindes Achtung

geben.

geben. Sie wird sich verrathen, ich gebe ihn mein Wort, sie wird sich verrathen.

Amalia. Wissen Sie was, Herr Magister! da Sie die Maximen eines Spions so gut im Kopfe haben; so forschen Sie ihre Clementine selber aus. So viel melde ich Ihnen: daß Sie Hannchen wahrscheinlicher Weise nicht liebt, sondern einen andern.

Der Magister. Wie, sie liebt mich nicht? Beim Jupiter! das thut sie. Ich würde sonst auf Rache bedacht seyn, und meinen Nebenbuhler den Halsbrechen.

Amalia. Heist das dem Grandison nachgeahmt? O wie fein haben Sie Sich gebessert!

Der Magister. Nicht doch! das war meine Meinung auch nicht. Ich will aber auf jeden Liebhaber meiner Clementine eine Satire machen, und die Kerls so ärgern, daß sie für Aergerniß sterben sollen.

Amalia. Machen Sie was Sie wollen. Ich bin eben im Begriffe, einen Besuch bei Hann-

Hannchen abzustatten. Vielleicht kann ich etwas für sie thun.

Der Magister. Höchst vortrefliche Fräulein, thun Sie es, ich küsse Ihnen den Rock.

Du siehst geliebter Bruder, wo es dem alten Magister fehlt. Er schickt sich gut zum ganzen Lustspiele. Ich will nur gerne sehn, wie er sich anstellt, wenn die Sache mit Hannchen offenbar wird. Lebe wohl

Amalia von S.

XXVIII. Brief.

Jungfer Hannchen an Fräulein Amalia v. S.

Kargfeld den 3. Sept.

Gnädiges Fräulein,

Der Magister wird mir zuletzt unerträglich. Ich würde ihn gestern etwas empfindlicher abgeführt haben, woferne mich der Ort und sein Alter nicht davon abge-

abgehalten hätten. Verliebte Tändeleien verdienen bei jungen und feurigen Gemüthern einige Nachsicht; wenn aber ein Magister von 45 Jahren dergleichen Possen treibt, denn muß man ihn für einen = = halten. Setzen Sie, mein liebes Fräulein, ein bequemes Wort an die leere Stelle. Nach diesem Eingange muß ich Ihnen eine Unterredung bekannt machen, die ich auf dem Saale mit ihm hielt. Ich gieng, wie Sie wissen, aus der Gesellschaft, um unserer Magd etwas zu befehlen. Kaum war ich vor der Thür; so sprang der alte Lampert hinter mich her,

Magister. Warum verlassen Sie die Gesellschaft, mein schönes Hannchen, man spührt es gleich, wenn eine angenehme Person fehlt.

Ich. Sie thäten also besser, wenn Sie dabei blieben: Denn Sie werden den Mangel zehen angenehmer Personen reichlich ersetzen.

Magister. Ich will mich eben nicht für unleidlich halten; aber das, was Sie sagen, scheint mir eine Hyperbole zu seyn.

Ich.

Ich. Was soll das seyn, Hyperbole?

Magister. Das ist eben so viel, als ein großes Lob, welches wir dem andern aus heftiger Liebe geben: ja es könnte auch eine artige Schmeichelei heißen.

Ich. Eine artige Schmeichelei? das geht noch eher an. Allein ich schmeichele keinem Menschen, und wenn es auch ein Fürst wär.

Magister. Loses Kind, wissen Sie nicht, daß Frauenzimmer ihre Liebhaber schmeicheln? Z. E. der Chapeau sagt: meine Göttin; so spricht sie = = nein, das wäre Abgötterei: aber eine andere Caresse: er sagt: mein Lamm, und sie = = nein, das wäre mehr eine Beleidigung: Aber Engel können sie einander vice versa heißen; denn das Wort Engel ist in Deutschen generis communis. Wie Sie auch sonsten von mir in der Schule gehört haben, da ich Ihnen den Milton erklärte.

Ich. Haben Sie mir denn den Milton erklärt? Das ist ja der englische Dichter,

wel-

welchen Sir Carl der Clementine, aber der Herr Magister nicht mir vorgelesen hat.

Magister. Könnte ich nicht Sir Carl, könnte Sie nicht Clementine seyn? von mir will ich jetzo nicht reden; aber Sie übretreffen in meinen Augen eine Göttin: Sie sind also weit vortreflicher als jene junge Italienische Gräfin.

Ich. Woher wissen Sie denn, daß ich schöne bin?

Magister. Das sagen mir meine Augen und meine Empfindung.

Ich. Da sich Ihre Empfindung ohnfehlbar nach den Augen richtet; so wird Ihre Empfindung eben so oft betrogen werden als Ihre Augen: denn ich weiß, daß Sie schon seit etlichen Jahren durch die Brille lesen.

Magister. Es ist wahr, das beständige Nachtstudieren und die häufigen Lucubrationes haben mir das Gesichte ein wenig verderbt, daß ich die kleinen Buchstaben, und

zumal

zumal im Hebräischen die Punkte, nicht recht mehr erkennen kann. Aber ein Mädchen von achtzehn Jahren ist ja eben so kleine nicht, daß ich erstlich mein Auge bewaffnen müßte, wenn ich sie ansehen wollte.

Ich. Ich habe nichts wider Ihr scharfes Auge in Ansehung achtzehnjähriger Fractur einzuwenden: es kömmt mir aber sehr wunderbar vor, daß der Herr Magister auf mich Achtung giebt. Sie waren mir ja sonst in der Schule nicht gewogen.

Magister. Concedo, mein schönes Hannchen; aber dazumal waren Sie ein loses Mädchen: und außerdem mußte ich auf Respect halten. Nunmehro aber haben sich die Zeiten geändert. Sie und ich sind mannbar. Es kömmt darauf an, daß Sie mich lieben und mir Ihr Herz schenken.

Ich. Bringen Sie das letztere als eine Frage oder als eine Bitte vor?

Magister. Als eine Frage und als eine Bitte zugleich.

Ich.

Ich. So werde ich auch auf beides mit Nein antworten.

Magister. Wie, Sie lieben mich nicht? Ich sollte mich betrogen haben? Nein, Sie müssen scherzen. Ich merke schon, Sie wollen lieben und schweigen = = Sie wollen mich rathen lassen. Sie wollen erstlich meine Beständigkeit prüfen. Sie = = = =

Ich. Was haben Sie für Einbildungen! (ich mußte wirklich lachen.)

Magister. Lachen Sie nicht, meine Clementine. Geben Sie mir vielmehr die gütige Erlaubnis, Dero Herrn Vater, den Herrn Marggrafen, aufzuwarten, mich zu seinen Füßen zu werfen, und die bewundernswürdige junge Gräfin von seiner Hand anzunehmen. Ich verlange keinen Pfennig von Ihren grossen Vermögen; ich will vielmehr sorgen, daß = = doch dieses wird sich schon schicken. Was meinen Sie wohl, daß der Herr Marggraf sagen würde?

Ich. Er wird vielleicht eben so lachen als wie ich. Wenn er aber hört, daß Sie den Herrn Grandison und ich Clementinen vorstellen soll; denn würde er gar böse werden.

Magister. Sorgen Sie nicht. Ich bin schlau, ich bin ein alter Hofmann, ich will ihn schon fassen, oder ich müßte kein 20jähriger Magister seyn, und mich unter Edelleute so lange durchgefressen haben.

Ich. Ich traue Ihrer Geschicklichkeit sehr viel zu: ich zweifele aber, ob Sie meinen Vater und mich in diesem Punkte bewegen werden.

Magister. Da sehe ich Ihren Herrn Vater über den Hof kommen. Ich will ihm entgegen gehen. Sehen Sie nur, ob er nicht wie ein Erzbischoff einhergehet. O der theure Marggraf!

Hier lief er fort, und ich befahl indessen unserer Magd, mir einen Boten zu bestellen. Ich habe das bewuste Schreiben beantwortet; aber mit zitternder Hand. Wenn ich

die

die gnädige Erlaubnis von Ihnen bekomme, so werde ich Ihnen morgen in Kargfeld aufwarten, 2c. Ich bin mit aller Hochachtung

Ew. Hochwohlgeb.

unterthänige Dienerin
Johanna Wendelin.

XXIX. Brief.

Fräulein Amalia an ihren Bruder.

Schönthal, den 16 Sept. Abends um 9 Uhr.

Was wirst du denken, mein Bruder, wenn ich dir sage, daß unser Oncle wirkliche Anstalt macht, sich zu verheirathen. An und vor sich, kannst du eben so wenig als wir die Sache misbilligen; die Wahl die er getroffen hat, ist auf seiner Seite vortrefflich; aber wenn die Heirath zu Stande käme, so wäre eine Person unglücklich, eine Person, die uns allen nicht gleichgültig ist.

Du kennest sie, sie ist meine beste und angenehmste Freundinn. Wozu dienen meine Umschweife, unser Oncle hat die Liebste, die er sich auserlesen hat, in einem seiner Briefe an dich genennet; ich habe diesen Brief gesehen. Stelle Fräulein Julianen von W. einmal in Gedanken neben unsern alten Oncle. Ein wohl übereinstimmendes Paar! Ein Mann, näher bei sechzig als funfzig Jahren, der kein großes Vermögen hat, daß die Wehetage der Frau, durch künftige gute Aussichten versüßen könnte; der noch darzu vor kurzem ein halber Enthusiast worden ist, und durch seine Schwärmerei vielleicht noch um sein übriges Vermögen kommt; und ein Mädchen, ein allerliebstes Mädchen von 21 Jahren, das so sittsam, so tugendhaft, so wohl gebildet ist, daß sie mit gutem Rechte eine Byron vorstellen könnte. Ich gedenke mir nichts grausamers, als eine solche Heirath.

Behüte Gott! Eher hätte ich das Schlachtfeld bei Minden sehen mögen, als daß ich meine Freundinn in den Armen dieses Mannes erblicken sollte. Du wirst glauben, ich stellte die Sache auf einer gar zu schlimmen Seite vor. Wenn Fräulein Julgen an einem alten Manne ihr Vergnügen finden kann, denkst du; wenn sie eine Zuneigung zu ihm haben kann, warum sollte ich sie denn bedauren. Der Regen und die Liebe, fallen so wohl auf Palläste als auf Strohdächer. Es zwingt sie ja Niemand, den Alten zu nehmen. Wenn Ihre Stiefmutter, auf eine unbedachtsame Art manchmal mit ihr scherzet, und ihr mit dem Stifte oder mit unsern Oncle drohet, so muß sie das als Scherz aufnehmen, und mit Scherz erwiedern. Was wollte ich darum geben, wenn dein Urtheil wahr wäre. Die gute Juliane, es kostet mir viele Thränen, wenn ich daran denke. Sie soll, sie muß unserm Oncle ihre Hand geben. Ihre verdammte Stiefmutter . . Ich würde ihr die Augen auskratzen, wenn sie da vor mir stünde, so erbittert bin ich. Sie ist eine von den gemeinen Stiefmüttern, welche sich eine Pflicht und zugleich ein Vergnügen daraus machen, die Kinder erster Ehe zu peinigen.

Kein Wort mehr von der verhaßten Frau! Beigelegte sechs Briefe werden dir die ganze Sache aufklären.

Den 13 kam unser Oncle nach Schönthal, und that uns eine förmliche Erklärung, wie er es nennte, daß er Willens wäre, dem Beispiele seines Herrn Gevatters in Engelland zu folgen, und sich zu verheirathen. Meine häuslichen Umstände sind nun in Ordnung gebracht, das Musiczimmer, die Bildergallerie und der meiste Theil meiner Meublen sind nach dem Geschmack meines Freundes in Engelland eingerichtet. An meiner Person selbst, habe ich so eine Reformation vorgenommen, daß ich mich kaum noch kenne, wenn ich vor dem Spiegel stehe. Es fehlet mir nichts mehr als eine Henriette. Die Nachrichten aus Italien, können nun in meinen Entschliessungen keine Aenderung mehr machen, sie mögen ausfallen wie sie wollen. Mag doch der Graf von Belvedere, mit seiner Clementine ruhig leben. Grandison hat ihr durch seine Verheirathung, ein Beispiel gegeben, sie soll mir eins geben, und ich will denenjenigen

eins

eins geben, die mir einmal nachahmen werden.

Mein Schwager unterstützte das Vorhaben unsers Vetters, das er für einen Anfall seiner Schwärmerei hielt, die keine sonderliche Folgen haben würde, durch seinen Beifall. Meine Schwester und ich, sind nur Maschinen meines Schwagers, jene aus Liebe, ich aus Freundschaft. Er drohet uns nach seinem Gefallen. Wir mußten uns stellen, als wenn wir eine große Freude darüber hätten, daß unser Oncle, in seinen alten Tagen, noch ein Papa werden wollte. Wer ist denn die glückliche Byron, Herr Vetter, fragte ich, die nach Ihnen seufzet. Doch nicht etwan das Fräulein v. W..

Der Oncle. Ha, ha, ha! Wer anders als Sie. Daß dich der Bli = = , daß dich der Blech! wie das Bäsgen rathen kann! Wenn Sie kein Fräulein wären, so müßten Sie einen Bürgermeister nehmen.

Mein Schwager schien über dieses Geständniß, in etwas betreten zu seyn, er vermuthete nicht, wie er nachgehends sagte, daß Fräulein Julgen eine Rolle in dem Lustspiele unsres Grandisons bekommen sollte; wir schätzen sie alle hoch, und lieben sie; das gute Kind verdient es.

Mein Schwager. Daran thun Sie recht, Herr Vetter, daß Sie Ihren Herrn Gevatter folgen, und sich verheirathen wollen. Ich wünsche Ihnen Glück zu diesem Vorhaben. Aber mich dünkt, wenn Sie das Fräulein v. W. zu Ihrer Byron machen wollen; so wird Ihnen Sir Carl die Abweichung in seiner Nachahmung nicht leicht vergeben können.

Der Oncle. Wie so, Herr Vetter? das sehe ich nicht ein.

Der Schwager. Sir Carl war überzeugt, daß er die einzige Mannsperson wäre, die seine Henriette als ihren Gemahl lieben könnte; er hatte ein Recht auf ihre Liebe; er war der Beschützer und Erretter ihrer Ehre; er hatte die Bewilligung aller Anverwandten, ihr Mädchen zu lieben; Jedermann wünschte, daß

daß die zwo vortrefflichen Personen, ein Paar werden möchten. Bei Ihnen, Herr Vetter, nehmen Sie es nicht ungütig, daß ich nach meiner Ueberzeugung rede, bei Ihnen ist keiner von diesen Umständen anzutreffen; Sie würden also bei dieser Verheiratung, wider Ihren Willen, ein Urbild werden, und das würde Sir Carln verdrüßen, wenn Sie, so zu reden, über ihn weg seyn wollten.

Der Oncle schien über den Einwurf meines Schwagers sehr verlegen zu seyn. Er wollte antworten; er reusperte sich; ruckte auf dem Stuhle hin und her.

Herr Lampert, Herr Lampert, warum so stille? Er siehet aus, als wenn er Flachs säen wollte.

Der Magister stieg von seinem Stuhle auf, er hatte seine Gedanken gesammlet, und sahe so aus, als wenn ihn etwas auf dem Herzen läge. Wir waren aufmerksam auf ihn. Endlich öffnete sich sein Mund:

Nachdem ich dasjenige, was Eu. Gnaden (er bückte sich gegen den Baron) vorzutragen geruhet haben, hin und wieder sonderiret habe; so kann ich nicht in Abrede seyn, besonders, da der bekannte Canon: Minima circumstantia variat rem, auf Ihrer Seite zu stehen scheinet, daß die Zweifel Eu. Gnaden, dem ersten Anscheine nach, einige Stärke haben. Allein, wenn wir die Nuß aus der Schaale nehmen wollen, so werden wir finden, daß alle diese Einwürfe nicht hinreichen, meinen gnädigen Herrn Principal, einer Abweichung in der Nachahmung Herrn Carl Grandisons, schuldig zu machen. Denn was den ersten Satz anlanget: Sir Carl war überzeugt, daß er die einzige Mannsperson wäre, die seine Henriette als ihren Gemahl lieben könnte; so gilt dieses vollkommen von meinem gnädigen Herrn. Er zweifelt im geringsten nicht, daß ihn das Fräulein v. W. als ihren Gemahl lieben und ehren werde. Der zweite Satz: Sir Carl hätte ein Recht auf Fräulein Byrons Liebe, er war der Beschützer und Erretter ihrer Ehre; dieser gilt

un=

unter einer kleinen Einschränkung, hier gleichfalls vollkommen. Mein Patron hat ein Recht, auf des Fräuleins v. W. Liebe. Er ist der Beschützer und Erretter ihrer Ehre, nämlich in so ferne diese von Jemand sollte angetastet werden. Sir Carln hatte die Bewilligung aller Anverwandten, ihr Mädchen zu lieben, mein Patron hat diese Bewilligung von den Eltern des Fräuleins v. W. in der Tasche. Jedermann wünschte dort, daß die 2 vortrefflichen Personen sollten ein Paar werden. Jedermann wünscht es auch hier, wenigstens in den Familien von beiden Seiten werden alle hohe und vortreffliche Glieder derselben eine solche vortheilhafte Vermählung wünschen. Aus diesem folgt, daß mein hoher Principal von aller Abweichung, in der Nachahmung Sir Carl Grandisons entfernet ist, und solcher auf keinerlei Weise kann beschuldiget werden, welches zu erweisen war.

Der Oncle. Der Geist des Doctor Bartletts, ruhet zwiefältig auf meinem Magister!

So

So wahr ich lebe, er ist ein ganzer Mann. Ich versichere ihn meines Wohlwollens. (er drückte die Hand des Bösewichts.)

Es war Niemand von uns im Stande, ein Wort vorzubringen, das Schrecken machte uns stumm. Der Oncle nahm unsre Stillschweigung für eine Empfindung einer Freude an. Ich hatte Lust, ihn diesen Irrthum zu benehmen, doch unterließ ich es. Die Einwilligung des thörigten Vaters, eine vollkommene Tochter durch unsern Oncle unglücklich zu machen, setzte uns in viele heimliche Sorge. Unser Vetter zog zween Briefe aus der Tasche: dieses ist mein Anwerbungsschreiben, um das Fräulein v. W., hier ist auch die Antwort darauf. Herr Lampert, lese er doch beide. Wir wußten nicht, ob wir Scherz oder Ernst aus der Sache machen sollten, da der Magister las. Mein Schwager bat sich die Erlaubnis aus, die Briefe nochmals mit Verstande zu lesen, nachdem er unsern Oncle wegen des Innhalts des zweiten, einen langen Glückwunsch gemacht hatte, und sich das

Anse-

Ansehen gab, als wenn ihm seine Wünsche recht von Herzen giengen. Diese Schmeichelei wirkte so viel, daß der Oncle dem Baron beide Briefe aushändigte, er gieng damit in in sein Cabinet und hat sie abgeschrieben. So bald unser Vetter uns verließ, brachte ich diese Unterredung zu Pappiere. Wir rathschlagten über eine so unerwartete Begebenheit, bis in die tiefe Nacht. Die Einwilligung = die schriftliche Einwilligung des Vaters von dem Fräulein v. W. wie viel Sorge machte uns die!

Mein Schwager hatte den Vorschlag, wir wollten den Grafen von Belvedere sterben, und unserm Oncle lieber seine Reise nach Italien unternehmen lassen; als daß wir zugeben sollten, daß er der Gemahl von Fräulein Julianen würde. Ich zweifelte, daß diese Erfindung einen guten Erfolg haben würde. Unser Grandison scheint äußerst in seine Byron verliebt zu seyn, und gäbe nun wohl zehen Clementinen hin, um eine Juliane zu erlangen. Wir stehen in äusserster Furcht wegen

gen des guten Fräuleins. Du wirst aus beiliegenden Briefen sehen, daß sie ihm morgen feierlich soll zugesaget werden. Was fangen wir an? ? ? Ich wollte, ich weiß nicht was, darum geben, wenn der morgende Tag vorüber wäre. Ich war Willens, dieses Paquet nicht eher an dich abzuschicken, bis ich von dem Ausgange der Sachen dir eine Nachricht geben könnte; die Post gehet aber morgen Vormittage ab, und mit dem Frühesten müssen meine Briefe in der Stadt seyn. Wenn du mir versprächest, unsertwegen keine Sorge zu tragen; so wollte ich das Paquet künftigen Posttag fortschicken; du könntest aber denken, meine Schwester, die wiederum vollkommen gesund ist, wäre gar gestorben, wenn ich meine Briefe einige Tage länger zurück behielt. Es ist immer besser eine unvollständige Nachricht, als gar keine. Eine kleine Nebenabsicht treibet mich zugleich mit an, die Absendung dieses Briefes, nebst den Einschlüssen in demselben, nicht länger auszusetzen. Es ist besser, dachte ich, daß wir unsern Bruder in eben der Ungewißheit

lassen,

lassen, in der wir uns selbst befinden; als daß wir ihm den Anfang und das Ende der Heirathsgeschichte unsres Oncles auf einmal berichten. Er mag einige Tage lang eben so, wie wir, zwischen Furcht und Hoffnung schweben, damit er sich bei einem unglücklichen Ausgang der Sache, zu welchem er schon vorbereitet ist, nicht so sehr betrübe, und bei einem glücklichen Ausschlage desto mehr erfreue. Wollte der Himmel, es könnte diese Heirath, die gewiß nicht im Himmel geschlossen ist, hintertrieben werden. Ich beschließe meinen Brief mit einer Bitte von meinen Schwager, er verlangt die Briefe, die wegen der grandisonischen Händel sowohl von dir, als an dich sind geschrieben worden, in Abschrift zurück, um sie in einem Zusammenhange zum Zeitvertreibe zu lesen. Der junge Wendelin, der schon ausstudiret hat, und für langer Weile nichts thut, als daß er im Dorfe herumgehet und Sperlinge schießt, kommt manchmal herüber nach Schönthal, und hat sich erbothen, diese Briefe insgesammt sauber abzuschreiben. Für die baldige Zurücksen-

dung

dung derselben wird insonderheit bei ihren geliebtesten Bruder ihren Dank abstatten

Amalia v. S.

* *

XXX. Brief.

Herr von N. an den Herrn von W. in Wilmershausen.

N. hall, den 12 Sept.

Lieber Herr Vetter,

Du hast vielleicht schon Lunde gerochen, und meine Liebe gegen deine älteste Fräulein Tochter gemerkt: ich muß mich nunmehro über diese wichtige Sache deutlicher erklären, und hierdurch offenbar gestehen, daß ich Fräulein Julgen schon längstens in mein Herz geschlossen habe. Ich war zwar Willens, niemals an eine Frau zu denken; dieser Gedanke aber hat nicht länger, als bis auf die Bekanntschaft mit Sir Carln ge-

gedauert. Da ich nun diesem wunderbaren Manne in allem nachfolgen muß, wenn ich anders so glücklich, als er, werden will: so gehört nichts, als eine schöne Henriette zu meiner Vollkommenheit. Es ist also billig, daß ich mich an Dich und an Deine Frau Gemahlin zuerst wende, und Eure liebe Fräulein Tochter von Eurer Hand erwarte. Da man wider meine Person, welche, ohne Ruhm zu melden, nicht unangenehm ist, eben so wenig, als wider mein jährlich Einkommenen, welches nach englischen Gelde reine 500. Pf. einträgt, nichts einwenden wird: so hoffe ich von euch beiden, keine abschlägliche Antwort zu erhalten. Ich weiß zwar, daß sich Julgen ein wenig zieren wird, (das muß sie thun, wenn sie der vortreflichen Henriette ähnlich seyn will,) so hebe Du indessen dem guten Kinde allen Zweifel. Essen und Trinken schmeckt mir noch ganz wohl, und zuweilen fresse ich mehr als zwei Bären; munter und stark bin ich auch: wenn Ihr also Fräulein Julgen, in der Vergleichung mit mir, für zu jung haltet; so betrügt Ihr euch. Ich steh meinen

Mann, und bin noch eben so rüstig, als Sir Carl immer seyn kann. Was brauch ich aber so viel für mich anzuführen? Julgen scheint mir nicht ungeneigt zu seyn; und wenn ich alle ihre Reden, zumal bey dem Feuerwerke, recht genau überlege: so ist das kleine Närrchen wohl gar schon verliebt in mich. Ich gäb mein bestes Pferd darum, wenns wahr wär. Denn Henriette Byron liebte Sir Carln lange zuvor, ehe er ihr noch eine Erklärung thun konnte. Meine Freunde werde ich durch eine solche Heirat auch verbinden: denn sie haben zeithero alle meine Anstalten gelobt; und je ähnlicher ich dem Engländern werde, desto mehr gefalle ich ihnen. Die Hochzeit soll alsdenn bei Euch seyn in Willmermanor = alles nach Grandisons seiner Art = recht prächtig. Wir fahren miteinander in Kutschen nach der Kirche, wir viere in einer, wie leichtlich zu errathen. Aber wieder zur Hauptsache! Nehmt nur das liebe Mädgen vor, und thut ihr einen Antrag: Alsdenn bestimmt einen Tag zum Verlöbnisse = = die Zeit der Copulation aber soll meiner

ner Juliane ganz und gar überlassen werden. Ich wollte zwar gerne, daß mich der Magister traute; es wird aber wohl nicht angehen, weil er noch kein Pfarrer ist. Ich bin der glücklichste Mann, und zur glücklichsten Frau soll Julgen gemacht werden von

Deinem

aufrichtigen Freund und
gehorsamster Diener
v. N.

XXXI. Brief.

Der Vater des Fräuleins v. W. an den Herrn v. N.

Wilmershausen, den 13. Septembr.

Hochgeschätzter Herr Bruder,
Vielgeehrter Freund und Nachbar,

Aus dem Schreiben, welches Du vom gestrigen Dato an mich abgelassen, habe ich nebst meiner Frau nicht nur die gute Absicht, welche der vielgeehrte Herr Bruder gegen mein Haus heget, erkannt, und bin deswegen dankbar; sondern ich habe auch bereits meiner Juliane vorläufige Nachricht von dem geschehenen Antrage gegeben, welche zwar Anfangs, wie solche junge Dinger bey dergleichen Gelegenheiten pflegen, heftig darüber zu erschrecken schien: auf mein und ihrer Mutter Zureden aber so viel zu verstehen gab, sie würde ihrem Vater in keinem Stücke ungehorsam seyn. Da nun die Ehen im Himmel geschlossen und auf Erden vollzogen werden; auch weder meine Frau noch ich dem Schlusse des Himmels widerstreben können: so ertheilen wir dem Herrn Bruder unsern älterlichen Consens desto lieber, weil Du jederzeit ein guter nachbarlicher Freund von mir gewesen bist; Deine Umstände uns größtentheils bekannt sind; Du auch überdem die männlichen Jahre lange erreichet, und das flatterhafte Wesen der Jugend, das an so vielem Unglück der Ehen Schuld ist, abgeleget hast. Wir haben anbei die gute Hoffnung, daß unsere Tochter

mit

mit Dir ganz wohl fahren soll. Der Himmel beglücke euch beide mit seinem Segen, und führe das angefangene gute Werk glücklich hinaus. Mir wird es angenehm seyn, wenn ich mich werde nennen können

Meines vielgeehrten Herrn Bruders
und zukünftigen Eidams

treuer Freund und Schwiegervater

Hanns Georg v. W.

N. S. Auf kommenden Dienstag, wird seyn der 17. hujus, verfüge Dich zu uns, und bringe Deine werthen Anverwandten mit, da soll die Sache vollends ins reine gebracht werden.

XXXII. Brief.

Fräulein Juliane an Fräulein Amalien.

Wilmershausen den 14 Septembr.

Haben Sie Mitleiden mit mir, liebste Amalia; ich stehe im Begriff, eine sehr unglückliche Person zu werden. Sie wissen es unfehlbar. Was soll ich daraus machen, daß Sie mir keinen Wink davon gegeben haben? Sie müssen es wissen, daß ihr Oncle für sich selbst, bei meinem Vater, um mich geworben hat. Sind Sie so grausam, daß Sie nebst Ihren Freunden in Schönthal sich wider mich verschworen haben? Ist es um deswillen geschehen, daß Sie mir nicht eine Silbe von dem Vorhaben ihres Vetters entdeckt haben, damit man mich desto geschwinder überraschen, und das, was man will, aus mir machen könnte?

Ich will Ihnen noch nichts Schuld geben; vielleicht hat Ihr Oncle Ihnen selbst noch

nichts

nichts von seinem Vorhaben entdecket; vielleicht haben Sie aus der ganzen Sache eine Kleinigkeit gemacht, die in der That keine ist.

Ihr Herz mag nun bey dieser Gelegenheit entweder für oder wider mich seyn, so kann ich doch Niemanden als Ihnen das meinige entdecken. Ich will einmal meinem Argwohn in meinem Gemüthe Platz geben; ich will mir einbilden, Sie wünschten, daß ich Ihre Tante werden möchte, wollten Sie wohl diesem Wunsche Ihre Freundin aufopfern? Könnten Sie, um Ihrem Oncle gefällig zu seyn, Ihre Freundin in so vielen Verdruß einwickeln? Ich habe viele Mühe, mir dieses zu bereden, und gleichwohl scheinet es, als wenn Sie nebst andern wider mich conspiriret hätten. Doch wie gesagt, ich will Ihnen noch nichts Schuld geben. Ich will lieber glauben, Sie wüßten noch nicht ein Wort von der ganzen Sache, ich will Sie für neugierig halten und Ihnen den Handel eröffnen. Vorgestern des Morgens bekam mein Vater einen Brief von dem Herr von N = = durch seinen Reitknecht. Mein Vater

ter und meine Stiefmutter schienen einige Tage vorher sehr aufgeräumet, und diese insbesondere war so freundlich gegen mich, daß ich die Stiefmutter beinahe darüber vergaß. Mein Vater zog seine Liebste an ein Fenster; ich saß an einen andern, und nähete etwas für mich in dem Rahmen. Sie lasen beide das Schreiben sachte, doch so, daß ich etwas davon verstehen konnte. Ich hörte daß der Innhalt mich angieng; ich merkte, daß es ein Anwerbungsschreiben seyn sollte; wiewohl ich von der Schreibart des Briefes eben nicht so gar vortheilhaft auf den Verfasser schließen konnte. Meine Glieder fiengen an zu zittern, ich erwartete mit Ungeduld das Ende = Da sehen Sie es nun, mein Schatz, sagte meine Mutter, daß es sein Ernst ist, der gute N. ist doch wirklich ein Mann von Parole = Haben Sie es gehört, Julgen, was Ihnen für ein Glücke bevorstehet? Schätzgen, lesen Sie doch den Brief noch einmal, daß ihn Julgen höret. (Sie streichelte meinem Vater die Backen, mich dünkt, ich hätte sie nie so freundlich gesehen.)

Die

Die ganze Stube gieng mit mir herum. Ich dachte, ich müßte vom Stuhle sinken. Schrecken und Verdruß über die alberne Frage meiner boßhaften Stiefmutter setzten mich ganz außer mich. Die Furcht, den verhaßten Brief noch einmal zu hören, erhielt mir noch das Vermögen zu reden.

Haben Sie die Gewogenheit gnädiger Papa, sich die Mühe zu ersparen, den Brief mir vorzulesen, ich habe schon so viel daraus verstanden, als ich wissen soll. Ich bin versichert, Sie werden ihn, nebst der gnädigen Mama, als einen Scherz annehmen. Der Herr v. N = = hat seit einiger Zeit viele scherzhafte Ausschweifungen begangen; in diesem Schreiben scheint er sie am weitesten getrieben zu haben.

Nein, nein, meine Tochter, du irrest dich, es ist des Herrn von N. sein wahrer Ernst. Er hat schon neulich bei mir mündlich um dich angehalten; ich trauete ihm aber nicht, und dachte, der verliebte Anfall würde bald wieder überhin gehen. Ich rieth ihm, er sollte bedenken, daß das Heirathen ein schwerer Punkt wäre; er sollte untersuchen, ob er einen rechten Trieb hätte, ehelich zu werden, da er es so lange verspäret hätte. In 14 Tagen sollte er mir von seinem Entschlusse wieder Antwort geben. Nun hat er schriftlich um dich nachgesuchet. Er ist von Jugend auf mein guter Freund gewesen, und hat mir manchen Gefallen erwiesen. Es ist einmal Zeit, daß ich auf eine Vergeltung denke. Wenn du nichts erhebliches wider ihn einzuwenden hast, so mag er immer dein Gemahl werden. Behüte Gott! Gnädiger Papa, wenn Sie Ernst aus dem Antrage des Herrn von N. machen, so setzen Sie ihr Kind in die äußerste Betrübnis. Sie werden mich doch nicht an einen Mann verheirathen wollen, der über die Jünglingsjahre lange hinweg war, da ich gebohren wurde; an einen Mann, der seit einiger Zeit eine so wunderbare Aufführung angenommen hat, daß man ihn für einen Romanhelden ansehen sollte! = Ich habe noch keine Neigung zum Ehestande.

Reden Sie nicht so unverständig, Julgen, Sie sind kein Kind mehr. Wenn alle Frauenzimmer so dächten wie Sie, so würde ihr Papa von mir auch einen Korb bekommen haben. Er war kein Jüngling mehr, da ich ihn heirathete; er war noch darzu ein Wittwer, mit einer kleinen Wehklage, und ich nahm ihn doch. Wissen Sie nicht die alte Hausregel: der Mann im Schwade und die Frau im Bade? das ist aber eine Bosheit von Ihnen, daß Sie den Herrn von N. einen Romanhelden nennen; dadurch versündigen Sie Sich an ihrem Papa. Diejenigen, die Romanhelden vorstellen, sind Narren, und wer mit Narren eine Gemeinschaft hat, ist selbst nicht klug. Ihr Papa liebt den Herrn von N., er ist unser guter Freund. Schätzgen, so gehet es, wenn man die Kinder verhätschelt, hernach spotten sie die Aeltern. Pfui, schämen Sie Sich, daß Sie so wenig Achtung gegen ihren Papa bezeigen!

Mädchen?

Gnädiger Papa, das ist nicht auszustehen, (ich wollte seine Hände küssen, ich weinte, te, er stieß mich von sich. Das hat er noch niemals gethan.) Hören Sie auf mich zu verleumden. Was habe ich Ihnen gethan, daß Sie durch so niedrige Kunstgriffe mir die Gunst meines Vaters entziehen wollen = = Haben Sie Mitleiden mit mir, gnädiger Papa, ich bin ihre Tochter.

Höre, Juliane, mit dem albernen Geplaudere richtest du nichts bei mir aus. Wenn du willst, daß ich dich als meine Tochter ansehen soll; so erkläre dich den Augenblick, ob du den Herrn v. N. nehmen willst oder nicht? (Ich schwieg) Laß mich nicht böse werden = du weißt, wenn ich anfange = = .

Gnädiger Papa (ich konnte vor schluchzen nichts hervorbringen) = = schonen Sie doch = Sie machen es immer ärger. Sie müssen nicht so verstockt seyn, Julgen, seyn Sie gehorsam = Antworten Sie auf ihres Papas Frage.

Die Worte meiner Stiefmutter durchschnitten mir das Herz. Die boshafte Frau! Ich

Ich war nicht im Stande, ein Wort zu reden. Du = = = (Ich verschweige aus kindlicher Ehrerbietung die Worte, die der Zorn meinem Vater in diesem Augenblicke eingab, sie waren nicht väterlich.) Willst du nicht reden, was ist das für eine Aufführung? = Den Augenblick gehe mir aus dem Gesichte, und komm mir nie wieder unter die Augen = = Willst du mich mit deinen Starrkopfe unter die Erde bringen?

Die letzten Worte kränkten mich aufs äußerste. Ich fiel meinem Vater in die Arme.

Gnädiger Papa, ich will mich ihrem Gewissen überlassen. Ich verspreche ihnen meinen kindlichen Gehorsam, machen Sie aus mir was Ihnen gefällt.

Willst du es mir angeloben, daß du dich gegen mich in allen Dingen, als eine gehorsame Tochter hinführo aufzuführen gedenkest; so will ich deine jetzige Vergehung noch einmal übersehen. Ich gab ihm meine zitternde de Hand, und machte, daß ich aus den Zimmer kam. Ich ging in meine Stube, und warf mich auf das Canapee. Ich will Ihnen nicht die Gemüthsbewegungen entdecken, die ich empfand, ich bekam ein entsetzliches Kopfweh, und war nicht im Stande meine Gedanken zusammen zu fassen, um den ganzen Verlauf der Sache Ihnen zu berichten, ob ich es gleich versuchte. Gestern Morgen ging ich hinunter zu meinem Vater, in was für einer Gemüthsverfassung, können Sie Sich leicht vorstellen. Alle meine Glieder zitterten, da ich die Thür aufmachte. Er war ernsthaft; seine Gemahlin munter, keins aber dachte mit einem Worte an die verhaßte Sache. Ich schlich mich bald wieder fort. Was werde ich nun für ein Schicksal zu erwarten haben? verlassen Sie mich nicht, meine liebste Amalia, verlassen Sie mich nicht, meine beste Freundinn; ich weiß zu Niemand anders als zu Ihnen meine Zuflucht zu nehmen. Können Sie so viele Zeit abmüßigen, so beehren Sie mich mit ein paar Zeilen

len, die mir Ihre Gesinnung gegen mich entdecken. Mein Mädchen soll darauf warten. Sind Sie noch auf meiner Seite, so stehen Sie mir mit Ihrem guten Rathe bei, wie ich mich in diesen verwirrten Umständen zu verhalten habe. Meinem Vater kann und darf ich nicht ungehorsam seyn, und bin ich gehorsam, was für ein Schicksal habe ich da zu erwarten! Ich sehe der Wiederkunft meines Mädchens, mit einem zweifelhaften Verlangen, entgegen, um zu erfahren, ob Sie noch unverändert das sind, was sich von Ihnen verspricht

Dero

aufrichtig und ergebenste Freundin
Wilhelmine v. W.

XXXIII.

XXXIII. Brief.

Fräulein Amalia an das Fräulein v. W.

Schönthal den 14 Sept.

Wo soll ich anfangen, Ihren Brief zu beantworten? Soll ich mich wegen eines ungegründeten Verdachts vertheidigen, und wegen Ihres garstigen Argwohns auf Sie schmälen? das werde ich nicht thun. Ihr Gemüthe ist nicht in der Verfassung, daß es jetzo Verweise annehmen kann. Ich muß Ihnen aber doch meine Empfindlichkeit darüber bezeigen, daß Sie mich für eine Meineidige halten und mir den strafbaren Eigennutz zutrauen, daß ich das Glück meiner Freundinn auf das Spiel setzen könnte, um eine gute Tante dadurch zu gewinnen. Warten Sie, warten Sie, das kann Ihnen nicht so hingehen. Ihr gekränktes Gemüthe schützet Sie dieses mal für einer kleinen Rache, ich würde sonst in der

Thal

That ein bisgen böse thun; doch diesmal soll Ihnen alles vergeben seyn. Sie haben einigermaßen Ursache zu dem Verdachte gehabt, mich für ihre Kupplerin, nein, das ist ein gar zu garstiges Wort, für eine Unterhändlerin bei ihrer Freierei anzusehen. Ich lasse Ihnen alle Gerechtigkeit wiederfahren. Meinem Oncle fällt es ein, sich zu verheiraten, nothwendig muß er meinem Schwager und uns Schwestern etwas davon entdecket haben. Vielleicht bat er uns, ihm eine Partie vorzuschlagen. Wir werden nothwendig so eigennützig gehandelt, und ihm eine Person vorgeschlagen haben, mit der wir uns wohl auszukommen getrauten, die wir als unsere Tante lieben und ehren könnten. Kein altes verlebtes Fräulein werden wir nicht erwählet haben; so eine geschleierte Ziege würde eine schlimme Tante abgeben, sie würde zänkisch und geizig seyn, und uns mit bösen, finstern Gesichtern bewillkommen, wenn wir nach Kargfeld kämen. Das Fräulein v. W. kennen wir, sie ist unsre Freundin, die gäbe eine vortreffliche Tante. Ja, ja, es war natürlich, daß wir sie unsern Oncle vorschlugen. Sie mag sehen, wie sie mit dem alten wunderlichen Manne auskommt, sie mag bei ihm für ihre Person unglücklich seyn; wenn wir nur eine gute gesellige Tante an ihr bekommen, die nicht ewig an uns etwas zu bessern und zu tadeln findet. Es blieb dabei, wir schlugen ihm das Fräulein v. W.. vor; er verliebte sich, von dem ersten Augenblicke an, in sie, wie der Narciß in seine Gestalt, die er im Wasser erblickte. Die Sache wurde so kartiret, daß das liebe gute Kind nichts davon erfuhr. Die Stiefmutter mußte den Vater stimmen; dieser mußte auf einmal mit seiner väterlichen Gewalt auf die arme verkaufte und verrathene Tochter losstürmen, um sie zu zwingen, den verhaßten Freier anzunehmen.

Nicht wahr, das ist die ganze Fabel, die Sie Sich von Ihren guten Freunden in in Schönthal in den Kopf gesetzet haben? Das sind böse, ungetreue, meineidige Freunde! Aber nun will ich Ihnen die rechte Wahrheit

heit erzählen, hernach werden Sie anders von uns urtheilen. Gestern Nachmittage statte unser Oncle bei uns einen Besuch ab. Er machte uns zum ersten male in seinem Leben bekannt, daß er feste entschlossen wäre, zu heiraten, er nennte uns seinen geliebten Gegenstand. Wir erschracken, daß keins von uns im Stande war zu reden, da er Sie nennte. Ich habe die ganze Unterredung mit unserm Oncle aufgeschrieben, und will sie meinem Briefe beifügen, Sie können daraus unser ganzes Betragen bei dieser wichtigen Angelegenheit erkennen. Die meiste Sorge macht uns der Brief Ihres Herrn Vaters an unsern Oncle. Mein Schwager erhielt die Erlaubnis ihn zu lesen, und hat ihn abgeschrieben. Unfehlbar ist es Ihnen noch nicht bekannt, daß unser Oncle bereits von Ihrem Herrn Vater das Jawort hat, Sie würden mir diesen Umstand nicht verschwiegen haben. Ich übersende Ihnen auch die Abschrift von diesem Briefe. Schicken Sie mir diesen doppelten Einschluß, wenn es möglich ist, bald wiederum zurück. Sie haben eben nicht Ursache so sehr über den voreiligen Consens ihres Herrn Vaters zu erschrecken. Kleinmüthigkeit und Verzweiflung kann der Sache keinem guten Ausgang versprechen, fassen Sie einen Muth, wir arbeiten alle daran, das Werk zu hintertreiben.

Gestern hielten wir bis um Mitternacht grossen Rath, und ich war eben im Begriff, Ihnen einen Besuch zu geben, da Ihr Mädchen kam und mir Ihr Schreiben brachte. Um allen Verdacht zu vermeiden, stelle ich meinen Besuch ein; Ihro Frau Stiefmama würde uns auch vermuthlich nicht alleine mit einander reden lassen; ich will Ihnen deswegen das, was zu Ihrem besten beschlossen ist, lieber schriftlich als mündlich sagen. Wenn es in Ihrer Gewalt ist, so nehmen Sie eine Gelassenheit an, die der Unempfindlichkeit gleich kommt. Ihre Stiefmutter mag Ihnen von der verhaßten Sache sagen was sie will, so berufen Sie Sich auf Ihren Herrn Vater, sagen Sie, wie Sie es bereits gethan haben, Sie wollten, Sie wären bereit, Ihm zu gehorsamen. Sollte man in Sie dringen, auf eine verdrüßliche Sache ja, oder nein zu antworten; so sehen Sie zu, daß Sie auf eine schickliche Art ausbeugen. Ich dächte, Sie könnten mit der Versprechung des kindlichen Gehorsams oftmals durchkommen. Künftigen Dienstag haben Sie von unserm Oncle und uns einen Besuch zu erwarten, Sie werden es aus Ihres Herrn Vaters Briefe sehen. Wie es scheint, sollen Sie da Ihr Jawort von sich geben; dieses darf durchaus nicht geschehen. Es ist uns, meine theureste Freundin, nichts nöthiger, als daß wir in etwas Zeit gewinnen, mit einander auf Maasregeln zu sinnen, wie wir diesem plötzlichen Sturme ausweichen wollen. Wir sind alle überraschet worden. Lesen Sie den 6ten Band des Grandisons mit Aufmerksamkeit. Wenden Sie die Gründe, die Henriette braucht, den Hochzeittag zu verspäten, auf den Tag der Verlobung mit unserm Oncle an. Sie wissen, daß er in allen Stücken dem Grandison nachahmen will. Wir müssen uns in seine Schwachheit richten, wenn etwas gutes soll ausgerichtet werden. Wir wollen unsern Oncle zubereiten, Ihnen keine Bitte abzuschlagen. Ersuchen Sie Ihn um eine Frist von 6 Wochen, ehe Sie Ihr Jawort von sich geben könnten, diese setzen Sie hernach, wenn er auf einem kürzern Termine bestehet, auf 4 Wochen herunter. Unter der Zeit getrauen wir uns die Sache so einzufädeln, daß Ihrer Stiefmutter und unserm Oncle das Concept ziemlich soll verrücket werden.

In einem Punkte müssen Sie nur nicht gar zu zärtlich seyn, wenn die Sache einen guten Ausgang haben soll. Es scheinet, Sie wollen Ihrem Herrn Vater, wenn er darauf bestehet, in der That gehorsamen, und sich unsern Oncle zum Gemahle aufdringen lassen. Sie machen sich den Ungehorsam in diesem Stücke zu einem Gewissenspunkte, und dieses aus einem Misverstande. Sie erklären Ihren Catechismus unrecht. Das vierte Gebot will nicht, daß wir den Eltern als Sklaven eine blinde Unterthänigkeit beweisen sollen; es befiehlet uns, Ihnen zu gehorchen

in

in gerechten und billigen Dingen. Wenn aber ein Vater seine Tochter zwingen will, einen alten verlebten Mann zu heiraten, und der noch darzu mehrerer Fehler als das Alter hat; das wäre eben so viel, als wenn er ihr den Befehl gäbe, in ein Wasser zu springen, oder sich die Kehle abzuschneiden. Würden Sie denn einem solchen Befehle gehorsamen? Wenn Sie meinem Rathe folgen, so denke ich, es soll das Ungewitter, daß sich über Ihrem Haupte zusammen gezogen hat, sich wiederum zertheilen. Leben Sie wohl, meine Freundin, machen Sie Sich nicht so vielen unnöthigen Kummer, und seyn Sie versichert, daß nichts in der Welt vermögend ist, diejenige freundschaftliche Gesinnung zu ändern, welche gegen Sie, meine Werthe, bis auf den letzten Tag ihres Lebens beibehalten wird

Dero

aufrichtig und ergebenste Freundin
Amalia v. S.

XXXIV. Brief.

Das Fräulein v. W. an Fräulein Amalien.

Wilmershausen den 16 Septembr.

Ich kann Ihnen die zween Anschlüsse Ihres Briefes unmöglich zurück schicken, ohne meinen Dank für die Mittheilung derselben abzustatten, und zugleich Ihnen diejenige Beleidigung abzubitten, wozu mich eine gottlose Leidenschaft, der ich mich ganz und gar nicht fähig glaubte, verleitet hat. In der That, der Argwohn ist so eine schlimme Sache, daß diejenigen, welche damit behaftet sind, so sehr dadurch bestrafet werden, daß man nicht Ursache hat, Ihnen deswegen Vorwürfe zu machen, oder eine andere Gnugthuung für geschehene Beleidigungen zu verlangen: man sollte nur ein gerechtes Mitleiden mit den Unglückseligen haben.

Sie

Sie können sich nicht vorstellen, wie sehr mich der Gedanke gequälet hat, Sie wünschten eine Heirath zwischen mir und Ihrem Oncle, und wären bei diesem Geschäfte selbst eine der vornehmsten Triebfedern. Ich marterte mich in meinem Gemüthe, wie ein armer Missethäter, der seinen Tod vor Augen siehet, und noch nicht alle Hoffnung zum Leben aufgegeben hat; ich hatte keinen Grund Sie anzuklagen, ich hatte aber auch keinen, allen Verdacht gegen Sie zu verbannen.

Durch Ihr tröstendes Schreiben ist mein Herz um ein paar Centner leichter; es wird aber dennoch von einer sehr großen Last beschweret. Ihren gütigen Rath werde ich, so viel mir möglich ist, befolgen; was wird es aber helfen, wenn wir eine kleine Galgenfrist erhaschen? Wird nicht dadurch meine Marter vergrößert werden? Glauben Sie, daß ich mehr Ihren Vorschriften folgen werde, um Ihren Verweisen zu entgehen, wenn die Sache einen widrigen Ausschlag für mich bekäme; als daß ich einen günstigen Erfolg davon hoffen sollte. Wie sehr würde es mich kränken, wenn ich Sie einmal sagen hörte: beklagen Sie Sich nicht, warum haben Sie nicht gefolget, so geht es den Leuten die sich nicht wollen rathen noch helfen lassen. Solche Vorwürfe würden tödliche Stiche in mein Herz seyn. Nein, nein, ich will Ihnen folgen, ich will Ihnen gern gehorsam seyn: aber der Gehorsam gegen meinen Vater darf dadurch nichts verlieren. Sollte ich Ihn durch meinen Ungehorsam unter die Erde bringen?

Ach Gott! Jetzt schlägt es 3 Uhr = Wie wird es morgen um diese Zeit aussehen? = Morgen habe ich einen sauern Tag zu überstehen, ich zittere, wenn ich daran gedenke.

Heute frühe, kündigte mir meine Stiefmutter, wie sie sagte, auf Befehl meines Vaters an: daß morgen der feierliche Verlöbnistag zwischen dem Herrn v. N. und mir feste gestellet wäre; sie wollte sich nach meiner Entschließung erkundigen, ob ich noch der Meinung wäre, den Herrn von N. meine

Hand

Hand zu geben. Ich sagte ihr, daß ich in diesem Stücke keine Entschließung zu fassen hätte, sondern mich gänzlich nach dem Befehle meines Vaters richten würde.

Wenn nun ihr Herr Vater will, Sie sollen den Herrn v. N. für ihren künftigen Gemahl erklären, wollen Sie denn das thun? Diese Frage werde ich Niemand als meinem Vater selbst beantworten, (ich sah ein wenig sauer aus.)

Ich will mit unangenehmen Fragen nicht in Sie dringen; ich will Ihnen nur so viel sagen: ziehen Sie Ihre Klugheit bei Ihrer morgenden Aufführung zu Rathe; damit Ihr Herr Vater nicht bewogen werde, seinen väterlichen Ernst, auf eine nachdrücklichste und beschämende Art, Ihnen zu zeigen. Sie ging, ohne auf meine Antwort zu warten und machte die Thüre ein wenig unsanfte hinter sich zu.

Eine tödliche Traurigkeit überfällt mich; die harte Begegnung meines Vaters, die heimliche Feindschaft meiner Stiefmutter, mein bevorstehendes Schicksal, beunruhiget meine Gedanken auf äußerste. Wodurch habe ich denn alles dieses verdienet? Bin ich jemals ein so gar gottloses Kind gewesen? Bedauren Sie mich, meine Amalia.

Ihrem redlichen Herrn Schwager, und ihrer guten Frau Schwester empfehlen Sie mich bestens. Wenn Sie nicht eine fußfällige Abbitte von mir verlangen; so rücken Sie mir mein Verbrechen gegen Sie ja niemals auf. Ich schließe, die innerliche Bekümmernis sucht durch die Thränen einen Ausbruch bei

Ihrer

Juliane v. W.

XXXV. Brief.

Fräulein Amalia an das Fräulein v. W.

Schönthal, den 16 Sept. Abends um 6 Uhr.

Alleweile ist ein Bedienter von Ihrem Herrn Vater da gewesen, und hat uns auf morgen Mittag eingeladen.

Wir

Wir werden erscheinen. Mein Schwager ist heute Nachmittage in Kargfeld bey dem Oncle gewesen, und hat ihm einige gute Lehren auf morgen gegeben. Er hat ihn erinnert, die wichtigsten Stellen von der Verheiratung des Herrn Grandisons genau durchzulesen, damit er keine Fehler in der Nachahmung seines großen Musters begehe. Amalia, spricht er, ist manchmal leichtfertig, Herr Vetter, und wird das fehlerhafte in Ihrer Aufführung ihrem Bruder schreiben, wenn dieser es hernach Sir Carln erzehlte; so würden sie dadurch bei ihm verächtlich werden, daß sich ihr Herr Gevatter wohl gar Ihrer schämte. Er bat meinen Schwager, ihm einen Wink zu geben, wenn er etwas in seinem Bezeigen zu tadeln fände.

Der Brief, den Ihr Mädchen vor einer Stunde brachte, hat uns sehr wohl gefallen. Wir sind nicht wenig stolz darauf, daß Sie unsern Rath für wichtig gnug halten ihn zu befolgen. Thun Sie es immer, wir versprechen uns davon viel gutes. Machen Sie

Sich ja keine Sorge, wenigstens nicht so gar viel. Mein Schwager giebt Ihnen sein Wort, daß Sie morgen den nachdrücklichen und beschämenden Ausbruch des väterlichen Ernstes gar nicht sollen zu befürchten haben; Sie können deswegen alle Furcht und Angst aus Ihrem Herzen verbannen. Wir wünschen, daß der morgende Tag mehr zum Vergnügen, als zu Jemands Verdrusse ausschlagen möge, wenn man aber doch ja verdrüßliche Gesichter erblicken müßte; so versichere ich Sie, daß Jedermann lieber ihrer Frau Stiefmutter, als Ihnen ins Gesichte gucken würde, um die verdrüßlichen Züge darinnen zu entdecken. Schlafen Sie ruhig, mein Julgen, schlafen Sie heute ruhig.

Amalia v. S.

XXXVI.

XXXVI. Brief.

Fräulein Amalia an ihren Bruder.

Schönthal, den 18 Septembr.

Geliebter Bruder,

Der gefährliche Tag ist vorüber, und hat uns allen den Schmerz und Verdruß empfinden lassen, den wir fürchteten. Bedaure mit uns die gute Juliane. Alle Bemühungen ihr unglückliches Schicksal aufzuhalten, oder es von ihr abzuwenden, sind fruchtlos gewesen. Unser Kabbale war viel zu unkräftig, das liebe Kind ihrem eifrigen Liebhaber aus der Hand zu spielen. Es ist nicht anders, sie hat ihm gestern ihr feierliches Jawort geben müssen. Wie werde ich im Stande seyn, eine so verdrüßliche Begebenheit zu erwählen? Ich werde mir den größten Zwang anthun müssen, alle die einzelnen kleinen Umstände bei diesem Vorgange, wie-

der

der ins Gedächtniß zu rufen. Umsonst werde ich mir es so viele Mühe haben kosten lassen, sie diese Nacht eines Theils zu verschlafen. Jedoch was thue ich nicht eines geliebten Bruders wegen! Mache dich also geschickt, dismal den unangenehmsten meiner Briefe zu lesen, oder überhebe dich dieser Mühe und wirf ihn, ohne weiter zu lesen, ins Feuer = = . Nein nein; das darf bei Leibe nicht geschehen, es ist so böse nicht gemeint. Der Magister Lampert ist nun durch mich an dir gerochen. Verzeihe mir diese kleine Schelmerei, ich habe diese Wendung dir selbst abgeborget, daß man um eine größere Freude zu erwecken, erst vorher die Leute schrecken muß. Der gestrige Tag ist für uns vergnügter gewesen, als wir vermuthen konnten. Ich weiß, daß du eine getreue Erzählung der Begebenheiten dieses Tages erwartest, ich will deine Neubegierde nicht länger aufhalten. Vergieb mir diesen kleinen Possen.

Gestern Vormittags um 9 Uhr, bald hätte ich Lust, von der Nacht meine Erzählung anzufangen, und die schreckhaften Träume auszukramen, womit die beunruhigte Einbildungskraft mich ängstigte. Im Vorbeigehen, einmal sollte ich mich mit dem Magister trauen lassen; Fräulein Juliane war ins Wasser gesprungen; der Herr v. N. wollte mit unserm Oncle Kugeln wechseln. Doch nichts mehr davon. Gestern Vormittags um 9 Uhr fuhren wir nach Kargfeld, um, wie die Abrede genommen war, unsern Oncle abzuholen, und ihn nach Wilmershaußen zu begleiten. Wir glaubten, ihn in voller Gala anzutreffen. Wir stiegen ab, und sahen uns allenthalben nach ihm um: er wollte aber nicht zum Vorscheine kommen, uns zu empfangen. Wir waren eben im Begriff, in den Saal zu gehen; da Fräulein Kunigunde aus der Scheune hervorguckte, und uns einen freundlichen guten Morgen wünschte. Ich kann nicht läugnen, daß es mich heimlich zu verdrüßen anfieng, daß der geschäftige Hausmarschall, Lampert, nicht bei der Hand war. Verwünscht! dachte ich, das thut er aus Stolz. Er ist in seinen Gedanken ein Mitglied der Gesellschaft der Wissenschaften in

London, wer weiß, ob er uns nicht hinführo den Rang streitig macht. Inzwischen führte uns Tante Kunigunde in das Wohnzimmer, und ehe wir uns noch nach dem Oncle erkundigten, fragte sie, ob wir ihn nicht mitbrächten. Wir wollen den Herrn Vetter abholen, um diesen Mittag, zusammen in Wilmershaußen zu speisen, sagte der Baron, ist er etwan schon hinüber? Mein Bruder ist diesen Morgen um 2 Uhr, mit dem Herren Lampert und Wiganden, bei stockfinstrer Nacht in dem ärgsten Regenwetter, abgereiset, um, wie er sagte, in Schönthal, noch vor Tages Anbruch, etwas wichtiges mit dem Herrn Baron zu verabreden, und hernach das große Werk auszuführen. Was er darunter verstehet, kann ich eigentlich nicht sagen, (sie weiß noch nichts gewisses von unsres Oncles Liebe,) wenn er nur nicht etwann gar einen Schatz hat graben wollen. Seit etlichen Tagen habe ich gemerket, daß mein Bruder und Herr Lampert bis in die tiefe Nacht gesessen und studiret haben; mein Bruder hat sehr viel auswendig lernen müssen. Gestern hat er

den

den ganzen Nachmittag in tiefen Gedanken gesessen, und immer etwas zwischen den Zähnen gemurmelt, welches ich für Beschwerungsformeln hielt. Gott bewahre! Wenn mein Bruder nicht in Schönthal ist: so weiß ich nicht was ich denken soll. Wir haben ihn mit keinem Auge gesehen, sagte meine erschrockne Schwester. Wo muß der Mann hin seyn? Umsonst wird er doch nicht in der Nacht sich auf den Weg gemacht haben? Es hätte nicht viel gefehlet, so hätten Tante Kunigunde und meine Schwester sich hingesetzt, und mit einander ein Stückgen geheulet. Mir war bei diesem unerwarteten Handel selbst nicht wohl. Der Baron lachte über unsere Bestürzung, und dieses brach unsrer Tante vollends das Herz. Sie ließ einige Thränen fallen, nicht so sehr über ihren Bruder, als vielmehr über ihrem Regenschirm, glaube ich, den Wigand, wie einen Himmel, über seinen Herrn bei seiner Abreise hatte tragen müssen, und dessen Verlust sie sehr beklagte. Sie sahe ziemlich finster dazu, daß mein Schwager bei so betrübten Umständen noch scherzen könnte, und nahm kaltsinnig von uns Abschied. Meine Schwester wollte über die Leichtsinnigkeit ihres Mannes, auch mit ihm ein Bisgen zanken: er beruhigte uns aber, durch eine wahrscheinliche Muthmaßung von unserm Oncle. Wer weiß, sagte er, ist diese nächtliche Kavalkade in die Stadt gegangen. Unfehlbar wird der Herr v. N. daselbst einige Galanterien erhandeln, um seiner Braut damit ein Geschenke zu machen. Es kann seyn, daß er nicht eher als gestern Abend diesen Einfall gehabt hat, und vielleicht treffen wir ihn bereits bei dem Herrn v. W. an.

Wie froh war ich, da wir in Wilmershausen anlangten, und Wigand in den Schloßhofe sein Morgenbrodt verzehrte. Ich hatte mich aber nicht so bald von der Bestürzung über unsern Oncle erholet; da gedachte ich wieder mit Schrecken an die Ursache, die uns dismal nach Wilmershausen brachte. Ich glaube, daß ich mich sehr entfärbte, da ich die Frau v. W. sahe, wenigstens fühlte ich, daß alle meine Glieder zitterten. Sie empfing uns mit dem Herrn v. W., jedoch zu meinem Troste nicht so vergnügt, als ich hätte vermuthen sollen. Man konnte es ihr ansehen, daß ihr etwas im Kopfe lag, so sehr sie es auch zu verbergen suchte. Weder unser Oncle, noch der Magister waren bei dem Empfange gegenwärtig. Ich glaubte, daß diese Peiniger bei dem Fräulein v. W. sich befänden, dieses vermißte ich auch. Der Baron fragte nach ihnen, und erhielt kaltsinnig zur Antwort, daß sie bereits diesen Morgen bei guter Zeit angelanget wären. Was muß das steife Wesen bei der Frau v. W. zu bedeuten haben, dachte ich, es ist ihrem ganzen Character zuwider. Der Baron sahe mich einige mal an, und dadurch wurde ich gewiß, daß er an ihr auch etwas unnatürliches bemerkte, und daß ich mich, in meinen Gedanken von ihr, nicht hintergangen hätte. Weil wir etwas frühzeitig angelanget waren, und noch Niemand von benachbarten Adel, den der Herr v. W. hatte einladen lassen, da war: so wurde uns ein Frühstück von einigem Backwerk aufgetragen. Wir Schwestern setzten uns zur Frau v. W. auf das Kanape. Der Baron gieng mit ihrem Gemahl in die Gewehrkammer. Wir drei Frauenzimmer waren alleine, und ich hielt dieses für die beste Gelegenheit, die Frau v. W. ein wenig auszuforschen, um das räthselhafte in ihrem Betragen zu entwickeln. Unser Oncle, gnädige Frau, sagte ich, hat gewiß jetzo die Ehre, dem Fräulein v. W. aufzuwarten, daß wir ihn noch nicht gesehen haben? Es ist doch etwas wunderbares mit den verliebten Leuten, man kann aus ihnen nicht klug werden. Gestern wurde die Abrede genommen, wir sollten ihn heute abholen, um Ihnen aufzuwarten: und da wir nach Kargfeld kommen, sagt man uns, daß er schon vor Tage weggeritten sei. Ich werde nicht irren, wenn ich von dieser Eilfertigkeit auf die Heftigkeit seiner Liebe gegen das Fräulein v. W. schließe. Sie scheint jetzo sein einziger Gedanke zu seyn, und uns alle hat er darüber vergessen. Wenn er zum Vorschein kömmt, werde ich mich ein wenig mit ihm zanken. Das würde ein artiges Spiegelfechten seyn, sagte die Frau v. W., ich

ich hätte Lust, es mit anzusehen. Ich habe auch noch etwas mit ihrem Herr Oncle auszumachen. Heute frühe fehlte wenig daran, daß wir uns nicht in eine ernstliche Unterredung mit einander eingelassen hätten.

Sie, gnädige Frau, Sie wollen Sich in eine Zwist mit ihrem Herrn Schwiegersohne einlassen, an einem Tage, da er erst dieser Ehre theilhaftig werden soll? Was hat er denn gemacht, daß er ihren Zorn verdienet, wenn es anders ihr Ernst ist?

Sie können noch fragen, liebes Fräulein? zu einer andern Zeit würde ich über diese Frage mit ihnen zürnen müssen. In der That, Sie sind eine kleine boshafte Creatur, nehmen Sie es nicht übel. (Sie wurde feuerroth, aus Unwillen vermuthe ich.) Sie haben den ganzen Possen angestellt, und halten mich noch für blöde genug, daß ich es nicht einmal einsehen soll.

Wie? Was gnädige Frau? = Ich bitte = Was ist Ihnen? (Ich weiß nicht, was ich in der Bestürzung, über eine räthselhafte Beschuldigung, alles vorbrachte. Meine Schwester, die Furchtsame, lief ans Fenster. Meine Bestürzung brachte die Frau v. W. heimlich nur noch mehr auf.)

Wir wollen gute Freunde bleiben, Fräulein Amalgen, (Sie nahm mich bei der Hand: Die Schlange! dachte ich, sie krümmt sich, um desto gefährlicher zu stechen) wir wollen gute Freunde bleiben. Ich habe ihnen bereits alles vergeben. Aber mein! Sagen Sie mir, was ist es doch für ein elendes Vergnügen, die Leute zu Thorheiten zu reizen; seine eignen Anverwandten verächtlich zu machen; die Kinder gegen die Eltern aufzuhetzen, um über seine boshaften Erfindungen hernach lachen zu können. Wenn man auch keine Sünde daran thäte; so sollte doch ein Frauenzimmer seiner eigenen Ehre mehr schonen, denn es giebt mehr boshafte Leute in der Welt, die über anderer ihrer Bosheiten auch wieder lachen. Ich mache nicht gerne Anwendungen, so viel sage ich nur, daß ihr Herr

Oncle allezeit in meinen Augen ein rechtschaffener, und in seiner Art vollkommener Cavalier ist, den ich und mein Herr allezeit hoch schätzen, und mit Vergnügen unter unsere Anverwandten zählen werden; so sehr man auch dieses, durch allerhand listige Griffe, zu verhindern bemühet ist. Der einzige Fehler ihres Herrn Oncles ist sein gutes Herz, und bei diesem läßt er sich durch falsche Freunde und thörigte Leute, die um ihn sind, manchmal zu einer kleinen Ausschweifung verleiten; dazu auch der heutige wunderbare Auftritt kann gerechnet werden, der gewiß zu einer sehr boshaften Absicht ausgesonnen war, die aber gewiß fehlschlagen soll.

Ich ließ die böse Frau sagen, was sie wollte, ohne ihr ins Wort zu fallen, ob ich gleich so derbe Pillen einnehmen mußte. Ich war froh, daß sie endlich schwieg. Da ich unter ihrer Harangue Zeit gewann, einen Entschluß, in Ansehung meines Verhaltens gegen sie, zu fassen: so nahm ich mir vor, in ihrer eignen Sprache mit ihr zu reden. Liebste gnädige

Frau, sagte ich, und druckte ihre Hand, Sie geben mir überzeugende Beweise von der Aufrichtigkeit ihrer Freundschaft gegen mich, daß Sie mir sagen, was Sie von mir denken. Wenn Sie weniger aufrichtig wären, so würden Sie mir ins Gesichte schmeicheln, und doch übel von mir denken; und auf diese Art würde mir alle Gelegenheit, mich zu rechtfertigen, benommen seyn. Sie halten mich für ein sehr boshaftes Mädchen. Ich bin unglücklich, daß ich nicht den Augenblick von dem Gegentheile Sie überzeugen kann, es wird aber auch nicht nöthig seyn; ich weiß daß ihr jetziges Urtheil von mir, nicht aus einer innren Ueberzeugung, sondern aus einen aufwallenden Geblüte herrühret. Wenigstens bin ich gewiß, daß Sie keine Beweise meiner Bosheit in Händen haben. Vielleicht bin ich morgen das tugendhafteste, das beste Mädchen in ihren Augen. Sie sind sehr wankelmüthig, und dieses macht mir alle Ihre beißenden Vorwürfe so erträglich, daß ich mir keinen geringen Zwang anthun müßte, wenn ich ihnen ein sauer Gesicht machen wollte.

wollte. Ja, ich würde mich entschliessen heute recht aufgeräumt zu seyn, wenn sie mir nur das räthselhafte in ihren Reden aufklären wollten. Was vor einen wunderbaren Auftritt hat ihnen denn heute der Herr v. N. geliefert? Nehmen Sie meine Unwissenheit in der Sache als einen Beweiß meiner Unschuld an. Ich weiß, daß es an sich keiner ist: aber in dem Falle wird es einer seyn, wenn Sie Sich erinnern, daß Sie mir selbsten oftmals zugestanden, ich hätte in der Verstellungskunst am wenigsten etwas gethan.

Schweigen Sie, Falsche, Sie könnten eine Lehrmeisterin darinne abgeben. (Sie schlug mich sanfte mit der Hand, und ihre erste Hitze schien sich etwas gemindert zu haben.) Ich hatte die beste Hoffnung, meine Neubegierde befriediget zu sehen: allein die Auflösung dieses Knotens, der einen Weiberzank veranlasset hatte, war einer andern Person vorbehalten. Der Magister Lampert trat in das Zimmer, die Frau v. W. machte ihm ein schrecklich böses Gesichte: er schien es aber nicht zu

bemer-

bemerken. Wissen Sie, sagte er mit einer durchdringenden Stimme, wissen Sie, meine theuresten Ladys, wo ihr Herr Oncle hingekommen? die Frau v. W. hat sein Gespenst gesehen, und mit ihm fast eine Stunde gesprochen, und darauf ist es wieder verschwunden. Erschrecken sie nicht, meine lieben Kinder. Machen sie sich fertig über die Nachricht, die ich ihnen von seiner Erscheinung, seinen Reden und Verschwindung geben werde, in Erstaunen zu gerathen. Es hat auch der lieben Frau v. W. nicht geträumet, es eräugnete sich diesen Morgen zwischen Nacht und Tag. Die Ankunft des Herrn v. W. und des Barons verhinderte, daß der arme Magister den Ausbruch des Zorns von der Frau v. W. nicht empfand, Sie konnte seine Gegenwart nicht ertragen, und ging mit einer aufgebrachten Mine weg. Ich sahe es gerne, daß wir auch auf einige Augenblicke von ihr befreiet wurden.

Sie haben heute wieder eine Probe ihres sonderbaren Verstandes abgelegt, Herr Lampert,

pert, sagte der Baron, der bereits von der Begebenheit unterrichtet war. Wenn sie nicht mit der ersten Post alles an Sir Carln berichten; so sind sie der Freundschaft des ehrlichen Doctor Bartletts unwürdig, und ich werde es selbst über mich nehmen, Sie bei ihren Freunden in Engelland zu verklagen. Der Magister lächelte ganz zufrieden über diesen unerwarteten Lobspruch, und machte einige wunderbare Posituren, das ist, altväterische Reverenze.

Der Herr v. W. Ihr Herren habt heute meiner Frau ein Schrecken eingejaget, das sie noch immer nicht verwinden kann. Ich hätte nimmermehr gedacht, daß der alte N. noch so lustige Streiche, wie ein junger Pursche, vornehmen könnte. Mein Seele! das war ein poßierlicher Einfall: aber Gefahr war dabei. Es war euer großes Glücke, daß meine Pistolen nicht bei der Hand waren; ich hätte warlich einen von euch aufs Fell gebrennt, daß er die Beine hätte sollen in die Höhe kehren. Wir dachten alle nicht anders, es wären Diebe da.

Lam-

Lampert. Ja, gnädiger Herr, wie sagt der Lateiner? per varios casus, und so weiter, das heißt auf deutsch: Durch manchen Zufall und durch viel Gefährlichkeiten, gelangt man endlich ins Lateinerland mit Freuden. Um Sir Carln in Ansehung einer plötzlichen Erscheinung, bei der Mutter seiner Henriette noch vor ihrer Verbindung, ähnlich zu werden, ließ es sich mein Herr Principal nicht verdrüßen; nachdem er, bereits vor einigen Tagen, mit mir die Sache reiflich erwogen hatte, diesen Morgen um zwei Uhr, bei finsterm Himmel und sehr stürmischen Wetter, von mir und dem getreuen Jeremias begleitet, sich hierher zu begeben; da dem hiesigen hochadlichen Verwalter, bereits das Verständniß war eröffnet und mit solchem die Abrede dahin genommen worden, daß das Pförtgen am Schloßhofe sollte offen gelassen werden. Dieser gute und ehrliche Mann, konnte freilich nicht anders, als mit vieler Mühe dazu beredet werden. Endlich aber, da mein gnädiger Herr ihn selbsten deswegen ersuchte, und ihm aller üble Verdacht war benommen worden:

den: ließ er sich dazu willig finden, und wir gelangten in der Morgendämmerung hier an. Nachdem wir nun, in Begleitung des Verwalters, welcher aus überflüßiger Sorge uns nöthigte, alles tödliche Gewehr abzulegen, vor das Schlafzimmer des gegenwärtigen Herrn v. W. und dessen Frau Gemahlin gebracht worden, pochte der gnädige Herr dreimal stark an die Thür. Wir hörten ein vernehmliches Werda? welches unserm Jeremias eine solche Furcht einjagte, daß er mit einem gräßlichen Geräusche die Flucht nahm, und im dunkeln und vielleicht auch aus schreckensvoller Eilfertigkeit einige Stiegen verfehlte, und als ein schwerer Sack die Treppe hinunter fiel. Ob nun gleich der gnädige Herr über diesen Lermen eine große Unzufriedenheit bezeigte: so suchte ich doch, seine Unmuth sogleich dadurch zu hemmen, indem ich ihm berichtete, daß dieser Fall unserer Erscheinung einen besondern Nachdruck geben würde; weil mehrmals beobachtet worden, daß die Erscheinung der Gespenster, gemeiniglich ein starkes Gerassel von Ketten, ein Gepolter oder ein anderes

Ge-

Geräusche, anzuzeigen und zu begleiten pfleget. Ich will eben nicht in Abrede seyn, daß mein Principal nebst mir in eine kleine Verlegenheit gerieth, da uns, bei wiederholtem Anklopfen, mit Donner und Blitz, oder deutlicher zu sagen, mit einer Kugel vor dem Kopf gedrohet wurde, wenn wir nicht giengen. Der Herr v. N. konnte nicht sogleich eine Entschließung fassen; deswegen war ich genöthiget, in möglichster Geschwindigkeit ihm anzurathen, das vortreffliche Paar in dem Schlafzimmer nicht länger in Zweifel zu lassen, sondern sich eiligst zu erkennen zu geben. Durch diese Gegenwart des Geistes bog ich verschiedenen anscheinenden Gefährlichkeiten vor. Nach einem kleinen Verzuge wurde das Zimmer geöffnet, und mein Herr trat als ein zweiter Grandison mit einer geschickten Stellung, nachdem er den Herrn v. W. zärtlich umarmet, zu dessen Frau Gemahlin, die in dem Lichte der ehrwürdigen Frau Shirley würde erschienen seyn, wenn sie nicht aus einer allzu zarten Empfindung für die Ehre, gleich einer erzürnten Juno, in eine Wolke von Betten sich eingehüllet, und dem forschenden Auge meines gnädigen Herrn sich entzogen hätte. Sie werden verzeihen, gnädige Frau, sagte er, daß ich mich so eindringe; und er brachte noch verschiedene feine Sachen, mit einem recht bescheidenen, recht männlichen Wesen vor. Ihr Charakter und der meinige sind einander so wohl bekannt; daß, ob ich gleich vorher niemals die Ehre gehabt habe, mich ihnen auf diese Art zu nähern, ich mir dennoch ihre Verzeihung wegen dieses Eindringens versprechen darf. Er ließ sich darauf in Lobsprüche auf seine glückliche Freundin heraus. Alsdenn sagte er: Sie sehen einen Mann vor sich, der sich mit der Bekanntschaft des vortrefflichsten Paares in der Welt, des Stolzes von Engelland, viel weiß, und der sogar durch das Band einer geistlichen Verwandschaft, durch die Ehre einer Gevatterschaft, mit ihnen verbunden ist. Sie wissen, daß er in allen seinen Handlungen dem vortrefflichen Herrn Grandison nacheifert, und daß er sich glücklich schätzen wird, wenn er diese Bemühungen, durch eine eben so glückliche Ehe krönen kann.

Man kennet meine Freundschaft gegen das theure Fräulein v. W. sehr wohl. (Sie und das Fräulein müssen mich erst berechtigen, es mit einem noch theurern Namen zu benennen.) Kann es mit ihren Begriffen von der zärtlichen Empfindung für die Ehre, gnädige Frau, wird es mit Dero Herrn Gemahls seinen bestehen, für einen Mann das Wort zu reden, der in solchen Umständen ist? Wenn das Fräulein die Anbietung eines Herzens annehmen kann, welches ihr gewidmet ist; alsdann werden sie, alsdann wird das Fräulein mich auf eine solche Art verbinden, daß ich mich nur bemühen kann, es durch die äußerste Dankbarkeit und Zuneigung zu erwiedern.

Edelmüthigster Mann, wollte die Frau v. W. sagen, als er ihr schon zuvor kam, und den Gevatterbrief Sir Carls aus seiner Tasche hervorzog. Sie werden so gütig seyn, und diesen Brief ihrer Tochter, ihrem Herrn, und wen sie sonst zu der Berathschlagung zu

ziehen

ziehen für rathsam erachten, vorlesen, um daraus zu erkennen, in welcher Hochachtung ich bei meinen Freunden in Engelland stehe. Wenn ich nach Durchlesung desselben kann zugelassen werden, dem Fräulein v. W. meine Aufwartung zu machen, und solches mit derselben und ihren Begriffen von der zärtlichen Empfindung für die Ehre bestehen kann: so werde ich glücklicher seyn, als der glücklichste. (Der arme Oncle, wenn er das alles so gesagt hat wie es der Magister wiederholte, so hat er sein Gedächtniß entsetzlich anstrengen müssen.)

Auf diese Art vermied dieser höchst vortreffliche Mann, da er sich auf diesen Brief bezog, alle Prahlereien, die bei dergleichen Gelegenheiten gemeiniglich Liebhaber von sich vorzubringen pflegen, und als er das gesagt hatte, war er so eilfertig wegzugehen; daß es die Lebensgeister der Frau v. W. ein wenig übereilte, und sie nicht im Stande war, ein Wort vorzubringen.

Und nunmehr, meine liebsten Ladys, wiederhole ich die Frage: wo ist ihr Herr Oncle hingekommen?

Der Baron. Er wird doch nicht aus dem Lande geflohen seyn, denke ich. Da wir seinen Liebling bei uns haben, so kann er so weit nicht seyn.

Lampert. Ihnen die Wahrheit zu gestehen, so hatte ich dem Herrn v. N. in der That angerathen, sogleich nach dieser Erscheinung sich nach Schönthal zu ihnen zu begeben, und daselbst eine Antwort auf seinen Antrag zu erwarten: der Herr v. W. wollte es aber durchaus nicht zulassen, daß wir uns wieder hinweg begäben. Jedoch keine Bitte würde diesen Entschluß haben ändern können, wenn nicht der faule Jeremias die Pferde, gegen die Ordre, welche er hatte, bereits in den Stall gezogen und abgesattelt hätte. Bei so gestalten Sachen glaubte ich, daß der Herr v. N. von einer gänzlichen Verschwindung könnte dispensiret werden; zumal da dieses keine wesentliche Abweichung in der Nachahmung des Herrn Grandisons war, und man bei jeder Sache ohnedem Umstände, Zeit und Ort wohl in Erwägung ziehen muß. Wir nahmen aus dieser Ursache das Anerbieten des Herrn v. W. an, und begaben uns in das angewiesene Zimmer, auf einige Stunden zur Ruhe.

Ich denke es ist Zeit, daß ich einmal selbsten die Ruhe suche, und die Fortsetzung meiner Erzählung bis auf morgen verspare. Du wirst Ursache haben, mein Bruder, dich bei mir zu bedanken, daß ich mir es lasse so sauer werden, deine Neugier zu vergnügen.

****

XXXVII. Brief.

Fortsetzung des vorigen Briefs.

den 19 Septembr.

Diesen Morgen habe ich dem Baron meinen Brief vorlesen müssen. Wenn ich seiner Kritiken nicht schon gewohnt wäre; so würde meine gestrige Arbeit im Feuer aufgegangen seyn. Wahrhaftig! wenn du so viel an meinen Briefen zu tadeln fändest als unser Schwager; so würde ichs verschwören, wieder eine Feder anzusetzen. Der lose Mann! wie er über mich gespottet hat, daß ich wegen des ehrlichen Lamperts eine kleine Rache an dir geübet habe. Bald war ich Willens, die Zänkerei mit der Frau v. W. wieder auszustreichen. Acht Tage lang würde ich über keinen von seinen Spaßen lachen, wenn ich nicht recht gut wäre. Doch ich bin wie die Frau v. W. ich vergebe den Leuten alles, wodurch sie mich beleidiget haben, aber ich sage ihnen erst die Wahrheit. Der Baron und ich sind wieder gute Freunde. Zur Strafe für seine Spöttereien, hat er mir alle meine Federn schärfen und angeloben müssen, nicht zu verlangen, daß ich ihm die Fortsetzung meines Briefes zeigen sollte. Das ist auch sehr gut für ihn, er würde nur seine eigne Schande darinne finden. Die Herren erschienen bei der Gasterei des Herrn v. W. eben nicht zu ihrem Vortheile; du weißt, daß er seine Gäste gerne bezecht, mehr brauche ich nicht zu sagen. Doch nüchtern betrinkt man sich nicht leicht; ich will deswegen auch in meiner Erzälung die Gäste erst speisen lassen. Um zwei Uhr wurde zur Tafel geblasen. Geblasen? denkst du; in diesem Ausdrucke finde ich eben nichts wichtiges. Es soll auch kein witziger Gedanke seyn, der Herr v. W. ließ wirklich zu Tafel blasen, und zwar mit den Trompeten aus der Kirche. Dem Himmel sey Dank, dachte ich, ohne zu wissen, was dieser kriegerische Schall zu bedeuten hatte, da kommen Soldaten, nun ist Fräulein Julgen der Marter loß; wer wird bei dieser Unruhe auf die Ceremonien einer Eheverbindung denken. Doch zu meinem Verdruße wurde ich meines Irrthums gar zu bald gewahr. Wir traten in den Speisesaal. Ich zählte sechzehn Köpfe in der Geschwindigkeit, die Bedienten nicht mit gerechnet, lauter gute Freunde und Bekannte, außer dem Major von Ln. einen Anverwandten der Frau v. W., den ich noch nicht von Person kannte. Unser Oncle bekam seinen Platz neben dem Fräulein v. W. bei der Tafel, Lampert vertrat die Stelle eines Hoffouriers, und wies jedem seinen Platz an. Hier sitzen Sie, gnädiger Herr, neben dem Fräulein v. W., schrie er, gleich und gleich gesellt sich, und lachte abscheulich. Das vortreffliche gleiche Paar! Fräulein Julgen hatte ihren besten Putz anlegen müssen. Wahrhaftig ein allerliebstes Mädchen! Sie muß nicht meine Tante, sie muß meine Schwester werden. Ich drehete mich, ehe wir uns setzten hin und her, um mit ihr ein Wort alleine reden zu können; es wollte sich aber nicht füglich thun lassen. Wir würden das Reden auch haben entbehren und einander doch verstehen können, wenn sie meine Gedanken so gut als ich die ihrigen errathen hätte. Die Backen glüheten dem guten Kinde vor Angst und Erwartung ihres Schicksals. Sie schlug fast immer die Augen nieder, und wagte es nur dann und wann, auf mich einen furchtsamen Blick zu thun. Ich wurde dadurch so gerühret, daß ich durch nichts anders, als durch eine Kritik über unsern Oncle, mich von einer merklichen Tiefsinnigsinnigkeit befreien konnte. Ein seltsamer Mann in der That! Kennst du den Schulmeister in Wilmershaußen? Du würdest unsern Oncle davor angesehen haben, wenn du unvermuthet in das Zimmer getreten wärest. Ueber die Comödie! Er reitet in seinem rothen Galakleide, mit seiner englischen Knotenperucke, von dem Regenschirme seiner Schwester bedeckt, aus Kargfeld. Der Wind ist so unbarmherzig und reißt Wiganden den Schirm aus der Faust, der geputzte Liebhaber wird badennaß. Man bringt ihn, nach seinem lächerlichen Auftritte in Wilmershausen, zu Bette. Ueber die Beschickung im Hause, vergißt man andere Kleider aus Kargfeld holen zu lassen. Er schläft bis gegen Tischzeit, der Magister schnarcht auch bis zu unsrer Ankunft. Da war kein anderer Rath, sollte unser Oncle nicht im bloßen Kopfe erscheinen, oder dem Magister seine Sammtmütze abborgen; so mußte man den Schulmeister ersuchen, seine Stuzperucke, die sehr ins gelbe fiel, herzugeben. Du weist, daß der Herr v. W. und der Pastor ihr eigen

Haar tragen. Das kurze schwarze Kleid des Herrn v. W., und die hervorragende rothe Tressenweste, gaben ihm das feinste Ansehen. Das Kleid schien noch die Halbtrauer wegen der Frau Shirley anzuzeigen, vielleicht hatte er es auch um deswillen gewählet, und die rothe Weste sollte unfehlbar seine feurige Liebe gegen Fräulein Julgen abbilden.

Er sprach, so lange ihn der Wein noch nicht erhitzet hatte, wenig; was er aber sagte, das mußte mit einer Redensart aus dem Grandison gewürzet seyn, und wenn er keine fand, die seine Meinung ausdruckte, so sprach er durch Minen. Er lächelte, nickte oder schüttelte mit dem Kopfe, wie es etwan die Gelegenheit erforderte. Ich werde es ihm so bald nicht vergeben können, daß er mich einmal bei Tische roth machte, aus Verdruß wurde ich roth. Er fragte mich lächelnd, wie mir ein blauer Rock mit rothen Aufschlägen gefiel? Konnte ich eine so treuherzige Frage gleichgültig aufnehmen? Was muß der Major von Ln. dabei gedacht haben? Ich ärgerke mich über die seltsame Frage, und noch mehr, da ich fühlte, das mir das Blut ins Gesichte stieg. Sie müssen diese Frage ihrer Aemilie vorlegen, die wird sie eher beantworten können als ich. Fräulein Fiekgen ist nicht da, sagte er, heute sind Sie meine Aemilie.

Der Baron überhob mich einer beschwerlichen Antwort, durch einen von seinen drei Hasen, welchen er lauffen ließ. Das ist eine geheimnißvolle Redensart, du weißt nicht, was ich damit sagen will. Die Sache ist von Wichtigkeit, sie verdient eine Erklärung. Meine Schwester und ich baten den Baron, ehe wir nach Wilmershaußen fuhren, nochmals inständig, alle seine Kunst anzuwenden, das Fräulein von der gefahrvollen Versuchung zu befreien, die Hand unsres Oncles anzunehmen oder auszuschlagen. Dazu habe ich bereits die nöthigen Maasregeln genommen, sagte er. Ich will es, mit einer kleinen Veränderung, machen, wie Taubmann. Wenn das Fräulein v. W. von ihren Bollenbeißern ange=

angefallen wird; wenn ich merke daß es Ernst werden soll; so werde ich einen Hasen lauffen lassen, ich werde die Unterredung auf so etwas lenken, darüber man gerne disputirt. Man wird auf eine kurze Zeit den Liebesantrag des Herrn v. N. vergessen, und nur streiten und trinken. Wenn ich sehe, daß sich die Gemüter wieder anfangen zu besänftigen; so werde ich eine neue Materie auf die Bahn bringen, darüber noch ärger gestritten wird, als über die erste, dabei müssen die Deckelgläßer nicht vergessen werden. So denke ich in zwo Stunden es so weit zu bringen, daß das Frauenzimmer über uns Männer etwas zu lachen bekommt, und an keinen Ehevertrag wird können gedacht werden. Drei Materien habe ich durchstudiret. Wenn Noth vorhanden ist, und ich anfange zu reden; so denken Sie nur, daß ich einen von meinen Hasen loßlasse, denn die ganze Gesellschaft hetzen wird.

Der Baron hielt sein Wort. Er sahe mich nicht sobald in einer kleinen Verlegenheit

heit über dem wunderbaren Betragen des Oncles; sie fiengen an etwas aus den Zeitungen zu erzälen. Er wußte sich hierüber so glücklich auszubreiten, daß wir in fünf Minuten die wichtigsten Anmerkungen über die jetzigen Zeitläufte hörten. Der Geist der Partheilichkeit mischte sich in das Gespräche, die Meinungen waren getheilt und es gab allerhand Streitigkeiten. Die Herren wurden so laut, daß man sein eigen Wort nicht mehr hören konnte. Ich habe mir noch nie die Sprachenverwirrung so deutlich vorgestellt, als bei diesem Geräusche. Alle sprachen zugleich, und suchten einander durch die Stärke der Stimme zu überwältigen, und keiner verstund den andern. Mir wurde ganz schwindelnd davon im Kopfe. Etliche kämpften stehend miteinander, etliche befreieten das rechte Ohr von der Perucke um desto genauer zu hören. Ich weiß nicht, ob dieser Lerm sobald würde seyn geendiget worden, wenn nicht das Geräusche einiger umgestoßenen Weingläßer einen kleinen Waffenstillstand verursachet hätte. Man fieng nun an mit weniger Hitze die Staats-

und

und Landesangelegenheiten zu beurtheilen. Der Schauplatz wurde verändert. Nach der Vorstellung eines hitzigen Kampfes erschien die ehrwürdige politische Versammlung aus dem Kannegießer. Man erforschte die Staatsmaximen der hohen Häupter. Man that Friedensvorschläge. Sie wurden verworfen. Man lieferte wieder Schlachten. Man belagerte Festungen. Wien hätte bald ein heftiges Bombardement von einer englischen Flotte ausstehen müssen. Man setzte Könige ab und ein. Mit einem Worte, man that alles, man entschied das Schicksal von Europa mit einem Thone, aus welchem nur Brehmen oder Götter reden können. Es gieng über diesen politischen Betrachtungen eine gute Zeit hin. Der leichtfertige Einfall des Barons hatte alle die Wirkung, die er sich davon versprochen hatte. Dieses war ihm aber noch nicht genug; er brachte zum Beschluß dieses scherzhaften Auftritts, die Gesundheit der hohen kriegenden Mächte aus. Es war dem Herrn v. W. und unserm Oncle ganz gelegen, daß solches mit dem großen

Deckel-

Deckelglase geschahe, so verdrüßlich auch die Frau v. W. darüber schien. Sie ist fein, und dabei sehr argwöhnisch; vermuthlich hatte sie schon einen gegründeten Verdacht auf unsern Schwager geworfen, daß er ihren Absichten hinderlich seyn möchte. Indessen konnte sie es doch nicht verhindern, daß ihr Herr und unser Oncle, da sie bei der Gesundheit der kriegenden Mächte sich ihrer eignen Feldzüge erinnerten, nicht wegen alter Freundschaft den Pokal zweimal ausleereten. Sie suchte deswegen ihre Angelegenheiten eiligst in Richtigkeit zu bringen. Sie druckte eine gnädige Mine nach der andern auf den Magister ab, um ihn zu bewegen, seinen Herrn aufzumuntern, daß er doch sein Wort anbrächte. Der Baron hatte sich aber ein eigen Geschäfte daraus gemacht, dem Magister immer etwas zuthun zu geben, um ihn abzuhalten, seinen Herrn an etwas zu erinnern. Er mußte vorschneiden, und die Regelmäßigkeit jedes Schnittes aus der Trenschierkunst beweisen. Er mußte griechisch reden, Künste machen, die Weingläser mit der Faust um-

wen-

wenden, mit verkehrter Hand trinken und was dergleichen mehr war. Jedermann sahe auf den künstlichen Magister, und dieses verursachte ein allgemeines Stilleschweigen. Bei dieser kleinen Pause war die Frau v. W. so glücklich, ihm durch einen Wink ihre Sehnsucht, nach dem Anwerbungscomplimente unsres Oncles zu verstehen zu geben. Er war so witzig, daß er die Sprache dieser boshaften Frau verstund. Aus einem poßierlichen Gaukler verwandelte er sich, in einem Augenblicke, in einen ehrwürdigen Bartlett. Er griff mit einer sonderbaren Ernsthaftigkeit an seine Sammtmütze, und legte sie unter den Teller, als wenn er die Danksagung nach Tische sprechen wollte. Er sahe den Oncle starr ins Gesichte, und schien einem Entzückten ähnlich, der anfangen will zu prophezeihen. Sein Patron hatte aber mehr zuthun, als auf ihn Achtung zu geben, der Wein fieng schon an, bei ihm seine Wirkung zu thun. Die Sprache Grandisons hatte ihn verlassen. Er machte sich immer etwas mit Fräulein Julgen zu schaffen, er wollte zärtlich und witzig

seyn;

seyn; er wollte sie auf eine feine Art im Gespräch unterhalten; es waren ihm aber alle Redensarten seines Herrn Gevatters entwischt, nur noch eine einzige blieb ihm getreu.

Wenn es mit ihren Begriffen, von der zärtlichen Empfindung für die Ehre bestehen kann, gnädiges Fräulein, so küsse ich Ihnen die Hand. Das möchte noch hingehen; aber wie gefällt dir das folgende Compliment? Wenn es mit ihren Begriffen, von der zärtlichen Empfindung bestehen kann, gnädiges Fräulein, so belieben sie doch etwas zu speisen. Sie sind gewiß zu feste geschnüret, daß gar nichts hinter will, machen Sie Sichs doch ein bisgen commode. Fräulein Julgen mußte, bei aller ihrer Angst und Unruhe, über diese feinen Sachen, die er mit einem recht bescheidenen, recht männlichen Wesen vorbrachte, heimlich lachen. Im übrigen spielte sie eine vollkommene Pantomime, über zwei Worte, die in ja und nein bestanden, habe ich den ganzen Tag nichts von ihr gehöret. Der Major, der, so viel ich weiß, sie noch nicht kannte, muß sie für ein sehr einfältig Mädchen gehalten haben. Es ist wahr, sie schien sich selbst nicht gleich; aber kann man es seyn, wenn man in so kritischen Umständen sich befindet? Ueber die Bewegungen des Magisters verlohr sich bei uns beiden wiederum das Lachen. Sie suchte, durch einen flüchtigen ängstlichen Blick, bei mir Trost und Hülfe, und ich suchte solche selbsten bei unserm Schwager. Dieser hatte sich zum Unglück in eine Unterredung vertieft, bald kehrte er sich zu seiner Nachbarin zur rechten, bald zur linken Hand. Wir hatten eine bunte Reihe gemacht. Ich saß auf Kohlen. Der Baron schien einen kleinen Tummel zu haben, und Lampert wagte es nun, da der Oncle auf seine Minen nicht Achtung gab, Worte zu gebrauchen. Jezt, dachte ich bei mir, wäre es Zeit, daß der Baron wieder einen Hasen vorspringen ließ. Hören Sie, gnädiger Herr, sagte Lampert, gedenken Sie auch daran, was Herr Grandison der Große that, da er bei seiner Henriette = ? Der Baron brach hier geschwinde das Gespräch mit seinen Damen ab. Das bitte ich mir aus, Herr Magister, verschonen Sie den Herr Grandison mit dem Titel des Großen; ein Mann der keine Galle hat, ist nicht groß. Ihr Baronet mag ein guter ehrlicher Mann seyn; aber um den Namen eines großen Mannes zu verdienen, muß man die Welt bezwingen, oder doch bezwingen wollen: Alexander war groß, Pompejus war groß, und wie die Weltbezwinger sonst noch heißen mögen. Was rief unser Oncle, wollen Sie meinen Herrn Gevatter schimpfen? Lassen Sie mir das Ding bleiben, Herr Vetter, wenn Sie mein guter Freund seyn wollen, oder = .

Ich habe alle Hochachtung für ihren Herrn Gevatter, ich schätze ihn hoch; daß aber so ein kleiner dicker Schulmeister als ihr Lampert ist, dem Helden ihre Ehre stehlen will, um einem Privatmann damit zu bereichern: das leide ich nicht, und wenn ich darüber auf dem Platze bleiben sollte. Nun gieng das Disputiren von neuen an, der vorige Streit über Krieg und Friede war nur ein Scharmützel, jezt kam es zu einer Schlacht. Baß- Tenor- Diskantstimmen, alles summte durch einander. Die Frau v. W. that alles, um diese Streitigkeiten beizulegen. Ihr Herr war eingeschlafen, und ließ sich durch kein Geräusche ermuntern. Lampert glühete vor Wein und Eifer, er wurde gegen den Baron unhöflich. In diesem hatte der Wein auch endlich über den Verstand die Uebermacht bekommen. Bald wäre dem armen Magister ein Weinglas ins Gesichte geflogen, wenn man solches nicht verhindert hätte. Einige Herrn warfen sich endlich zu Friedensrichter in diesen Zwiste auf. Nach einigen Schwierigkeiten wurden beide Theile besänftiget, und der Friede unter den Bedingungen wieder hergestellt, daß der Magister, wegen seiner Vergehungen, den Baron schriftlich um Verzeihung bitten, und dieser hingegen den Grandison auf der Stelle für einem großen Mann erkennen sollte. Dieser Vertrag wurde mit dem Deckelglase bestätiget. Die Frau v. W. konnte ihren Verdruß nicht verbergen, daß sie ihre Absicht noch nicht erreicht

reicht hatte. Sie moralisirte ziemlich nachdrücklich über ihren Herrn Schwiegersohn; er ließ sich aber durch nichts aufbringen, und trank dann und wann ihre Gesundheit; doch einmal sagte er in seiner Begeisterung: Hören Sie auf zu keiffen, alte Frau Shirley. Unvergleichliche Henriette, was machen Sie denn mit einer so bösen Stiefmutter? Wollen Sie mich haben, so will ich Sie von dieser ungeheuren Frau befreien. Das war vortrefflich, es hätte nichts bessers zu Fräulein Julgens Befreiung können erdacht werden. Die Frau v. W. wurde dadurch so aufgebracht, daß sie, wider ihre Neigung, ihm ins Gesichte sagte: ihr Herr und sie, würden das Fräulein keinem irrenden Ritter geben, es möchte nun Ernst oder Scherz bei ihm seyn, so würde sie ihn nicht zum Schwiegersohne annehmen. Mein Herz wurde nun ganz leichte, unser Oncle verschlimmerte seine Sachen noch mehr, daß er über den Zorn der Frau v. W. heftig lachte. Sie sind doch meine Henriette, sagte er zu dem Fräulein, und sie würde einem derben Kusse nicht haben

 entge-

entgehen können, wenn sie nicht dadurch vorgebogen hätte, daß sie ganz freundschaftlich bat, ihrer zärtliche Empfindung für die Ehre zu schonen.

Es war 6 Uhr da wir vom Tische aufstunden. Der Herr v. W. mußte zu Bette gebracht werden, unser Oncle und der Magister verschwanden auch. Die übrigen Herren tranken mit dem Frauenzimmer Coffee. Die Frau v. W. verließ uns keinen Augenblick, sie glaubte vielleicht, daß wir uns, in ihrer Abwesenheit, über sie lustig machen möchten. Der übrige Theil des Tages, wurde auf unsrer Seite sehr vergnügt zugebracht, ich wurde mit in ein Tarock gezogen, wir spielten bis um zehn Uhr. Der Oncle und Lampert kamen da wieder zum Vorschein, sie waren aber ganz unmunter. Den Herrn v. W. bekamen wir nicht wieder zu Gesichte. Wir nöthigten den Oncle mit in unsern Wagen zu steigen, er wollte mit aller Gewalt reiten. Am besten wäre es gewesen, er hätte seinen Rausch in Wilmershaußen ausgeschlafen. Ich wünschte, daß ihn die Frau v. W. bitten sollte, da zu bleiben; doch sie war so verdrüßlich, so mürrisch, daß man es ihr ansehen konnte, daß ihr etwas nicht nach ihrem Sinne gegangen war. Beim Abschiede hatte Fräulein Julgen Gelegenheit, mir mit einem recht muntern, recht freudigen Wesen zu sagen, daß sie mir alles, was sie mir heute nicht mündlich hätte sagen können, bald schriftlich sagen würde. Vor einer Stunde brachte mein Mädchen ein Briefgen von ihr; ich habe es noch nicht gelesen; ich werde es aber meinem Briefe, wenn es etwas merkwürdiges in sich enthält, beifügen. Wir nahmen unsern Rückweg durch Kargfeld, um unsern schlafenden Oncle auszuladen.

Meine zwei Bogen sind nun wieder voll, und meine Hand ist so steif, daß ich sie fast nicht mehr bewegen kann. Ich bin von Herzen froh, daß ich mit meinem Gewäsche fertig bin. Habe ich dir, in der Sprache des Magisters zu reden, die Nuß in der Schaale geliefert, und allerlei überflüßige Dinge in meine Erzählung gemischt; so wirst du dir den

Zeitvertreib machen können, solche aufzubeissen, und den Kern heraus zu suchen. Ich bewundere mein glückliches Gedächtnis, daß ich diesen kleinen Roman, wie ich glaube, ziemlich getreu zu Pappiere gebracht habe. Jezt lege ich den fünften Bogen auf, um was sich zwischen hier und Sonnabends noch eräugnen möchte, denn eher werde ich mein Briefpaquet nicht siegeln, dir zu berichten.

Sonnabends den 22 September. Gestern haben wir einen Besüch in Kargfeld abgelegt. Unser Oncle ist krank, er hat einen heftigen Anfall vom Podagra bekommen, das sind die Nachwehen von dem Schmauße bei dem Herrn v. W. Er ist der unleidlichste Mann von der Welt. Da wir uns um sein Bette herumgesetzet hatten, und anfiengen, ihn die Reihe herum zu bedauren; so mußte ich einmal nießen. Er fieng darüber erbärmlich an zu schreien, als wenn ich ihm mit einem Hammer auf das podagrische Bein geschlagen hätte. Was das ärgste ist, so will er es nicht Wort haben, daß sich das Podagra bei ihm einquartieret hat. Er würde sich kein Bedenken machen seine Beine in noch mehrere Küssen einzuhüllen, als er jetzo thut, gesetzt, daß er davon nicht den geringsten Anstoß hätte: wenn man ihn nur überzeugen könnte, daß Herr Grandison davon auch manchmal einige Beschwerung habe. Ich dächte, du ließest ihn mit nächsten an der Krücke der Frau Shirley herum hinken, und rühmtest dabei seine außerordentliche Gedult und seine Diät. Ich bin versichert, daß du unsern Oncle eher kuriren würdest, als alle Doktor und Apotheker in unsrer ganzen Gegend. Der Magister bewies aus verschiedenen Gründen, daß sein Gönner unmöglich das Zipperlein haben könnte, er gab der Unpäßlichkeit unsres Oncles einen verwünschten griechischen Namen, den ich vergessen habe. Der Baron hatte dasmal keine Lust mit ihm zu streiten; er behielt also, zu großer Beruhigung des Patienten, leichtlich Recht. Der schmerzhafte Fuß des Oncles, ließ nicht zu, daß er an seine Henriette denken konnte, und damit waren wir auch sehr wohl zufrieden. Vorgestern hat ihn der Herr v. W. auf ein paar Stunden besucht, es scheint aber nicht, daß sie sich von der Heirath mit einander unterredet haben.

Du wirst einen Haufen Innlagen in meinem Briefe finden. Vorhin brachte Jeremias einen ziemlich dicken Brief, von dem Magister an den Doktor Bartlett. Ich bin so neugierig gewesen, und habe ihn erbrochen, du wirst mich desfalls schon bei dem Herrn Doktor entschuldigen. Unser Oncle ist ein wunderbarer Mann, alles Unglück das er hier anstiftet, soll sein Baronet wieder gut machen. Verschreibe ja nicht etwan den armen Bornseil, unser Oncle würde ihn dir mit Weib und Kindern schicken, der Baron will ihn gelegentlich versorgen. Wenn ich dir doch mündlich sagen könnte, daß du die aufrichtigste Freundin besitzest an

Deiner Schwester

Amalia v. S.

XXXVIII.

XXXVIII. Brief.

(Folgende sieben Briefe hatte Fräulein Amalie in ihr Paquet eingeschlossen).

Das Fräulein v. W. an Fräulein Amalien. v. S.

Wilmershausen den 19 Septembr.

Schätzbarste Freundin,

Noch nie habe ich Ihnen mit so vieler Aufrichtigkeit diesen schönen Namen beigeleget, als jetzo. Sie haben ihn allemal verdienet, und ich kann es mir selbst nicht vergeben, daß ich einmal an der Stärke Ihrer Freundschaft gegen mich gezweifelt habe; allein nehmen Sie mein offenherziges Geständnis als einen Beweis eines guten Herzens an, wenn ich Ihnen sage, daß ich Sie erst seit zwei Tagen für meine schätzbarste Freundin, ohne Ihnen ein Compliment zu machen, erkenne. Wie werde ich meine Dankbarkeit gegen Sie, wie werde ich das, was mein Herz für Sie empfindet ausdrücken können? Es ist sehr gut, daß Sie keine Lobsprüche von mir erwarten, ich würde mich sehr verleugnen müssen, wenn ich Ihnen alles das Gute entdecken sollte, daß ich von Ihnen denke. Nein nein, das werde ich nicht thun; ich vermeide gar zu gerne allen Verdacht einer Schmeichelei. Es ist genug, wenn ich Ihnen gestehe, daß Sie mehr gethan haben, als ich vermuthen konnte. Ich würde es für ein Glück gehalten haben, wenn man an dem ängstlichen Tage nur nicht ein entscheidendes Ja oder Nein von mir gefordert hätte, das beides mir nicht viel gutes versprach. Ich würde überaus zufrieden gewesen seyn, wenn Ihr erster Plan nach meinem Wunsche wäre ausgeführet worden, wenn ich weiter nichts als einige Tage oder Wochen eine Entschließung in einer so wichtigen Angelegenheit zu fassen erhalten hätte. Doch Sie waren so besorgt für mich gewesen, einen neuen Plan zu meinem besten zu entwerfen, welcher auch so gut ausgeführet wurde, daß ich nicht einmal nöthig hatte, zu einer betrüglichen Bitte meine Zuflucht zu nehmen, um einen Vater und einen Mann, der eine aufrichtige Neigung zu mir hat, zu täuschen. Ich würde mir gewiß viel Gewalt angethan haben, um diesmal anders zu reden als zu denken. Sie sehen hieraus, welche Verbindlichkeit Sie mir gegen Sich aufgeleget haben, daß Sie mich dieser Mühe überhoben. Ihr Herr Schwager hatte schon den größten Theil dieses Plans ausgeführet, ehe ich es inne wurde, wohin seine Unternehmungen abzielten. So sehr mir die Bemühungen des Herrn Barons zustatten kamen, so sehr ich Ursache habe, ihm gleichfalls verbunden zu seyn; so ungern würde ich es doch unternehmen, die Erfindung und die Ausführung dieses Entwurfs, mich aus einer Verdrießlichkeit zuziehen, zu loben. Die beste Absicht, dünkt mich, wurde nicht durch die besten Mittel erreicht. Eine ganze Gesellschaft zu bezechen, um Aeltern abzuhalten, keinen üblen Gebrauch von ihrer Gewalt über

Kin-

Kinder zu machen, sollte sich das wohl rechtfertigen lassen? Sie wissen, daß ich in diesem Stücke etwas zärtlich bin. Das Kopfweh meines Vaters, die Unpäßlichkeit des Herrn v. N. und der Sturz des Rittmeisters von H. mit dem Pferde, alles dieses steht auf meiner Rechnung, und wenn es gleich alles von keinen Folgen zu seyn scheinet; so empfinde ich doch in meinem Gemüthe eine kleine Unruhe darüber. Wenn ich mich doch davon befreien könnte, so würde ich recht ruhig seyn. = = Aber was mache ich doch? Nicht wahr, ich bin ein ungezogenes Mädchen? Ich sollte mich wegen Ihrer Mühe, wegen Ihres Eifers für mein Bestes bei Ihnen bedanken; ich sollte Sie dafür bis in den dritten Himmel erheben: und ich bin so verwegen, und kritisire die Unternehmungen meiner großmüthigen Beschützerin. Wenn Sie mir nun Ihren Beistand versagt hätten, wie würde es um mich aussehen? Würde ich nicht die Ausbrüche des väterlichen Zorns, womit ich bedrohet wurde, empfunden haben, oder mich jetzo in einer Stellung befinden,

die

die mir ein unzufriednes Leben verspräche? Das Ungewitter hat sich noch nicht verzogen, es stehet noch am Horizonte; wer weiß wie bald mich wieder ein unerwarteter Donner erschreckt. Versagen Sie mir Ihren Schutz ja nicht, meine Freundin. Wenns möglich ist, will ich nicht mehr ungezogen seyn.

Soll ich Ihnen sagen, wie mir vorgestern zu Muthe war? Nein, das wissen Sie schon. Sie konnten aus meinen Gesichtszügen lesen, was in meinem Herzen vorging. Ich will Ihnen lieber Nachricht von meinem Zustande geben, seitdem Sie uns verließen. Das sage ich Ihnen zum voraus, daß nichts wichtiges vorgefallen ist. Gestern empfieng mich mein Vater bei dem Morgenbesuche mit den Worten: Guten Morgen, Fräulein Braut. Ich weiß nicht gnädiger Papa, sagte ich, ob ich diese Ehre im eigentlichen Verstande annehmen kann? Der Herr von N. der ohne Zweifel der Mann ist, durch den ich diese Benennung erhalten soll, hat mir, wenn ich nicht ein und andern Scherz dahin ziehen

will,

will, seine Neigung gegen mich noch gar nicht entdeckt; und wenn auch dieses wäre, so glaube ich, daß noch eins und das andere müßte berichtiget werden, ehe ich diesen Namen verdiente. Der Papa wurde etwas angehalten auf mich, daß ich ihm widersprach. Wenn er Kopfweh hat, so ist er ein wenig unleidlich; die Mama begütigte ihn aber durch eine weitläuftige Vorstellung. Wo ich nicht irre, so war dieses das erstemal, daß sie mit mir übereinstimmte. Sie führte einige Gründe an, warum ich nicht Fräulein Braut könnte genennet werden. Einige davon waren nicht vortheilhaft für den Herrn L. N. Wenn ich mit ihrer Gemüthsart weniger bekannt wäre; so würde ich hoffen können, daß meine Verbindung mit ihm noch nicht so gar nahe sey. Ich muß es Ihnen doch im Vertrauen stecken, daß man einen starken Verdacht auf Sie geworfen hat, daß Sie so wohl die unerwartete Ankunft Ihres Herrn Oncles; als auch die wunderbaren Touren bei Tische angegeben hätten; doch findet Ihr Herr Oncle dadurch eben keine Entschulschuldigung. Daß Sie von der leztern Erfindung die Urheberin sind, und Ihrem Herrn Schwager nur die Ausführung davon überlassen haben, daran zweifle ich nicht mehr; bei der plözlichen Erscheinung des Herrn v. N. habe ich noch nicht Licht genug, ob ich solche für eine feine List von Ihnen, oder für einen Einfall des Herrn Wilibalds halten soll. Ich bin geneigt, das leztere zu glauben, denn im ersten Fall würden Sie sich in der That an Ihrem Herrn Oncle versündiget haben. Ich ungezognes Mädchen, jezt habe ich Sie schon wieder beleidiget, Sie sind böse auf mich meine Amalie. Ich wollte Sie gern mündlich um Verzeihung bitten, wann ich es wagen dürfte, Ihnen in Schönthal aufzuwarten; ich muß mir aber dieses Vergnügen jezo versagen, um der Mama keinen widrigen Verdacht zu erwecken. Geben Sie mir einen schriftlichen Verweis, ich habe ihn verdienet; lassen Sie es aber auch darbei bewenden. Danken sie dem Herrn Baron, danken Sie Ihrer Frau Schwester, danken Sie sich selbsten, für Ihre Gesinnungen, für Ihre guten Bemühungen für mich. Ich gehöre ganz für Sie, nennen Sie mich.

Ihre

Juliane v. W.

XXXIX. Brief.

Fräulein Amalia an das Fräulein v. W.

Schönthal, den 20 Sept.

Schätzbarste Freundin,

Jederzeit habe ich Ihnen mit so vieler Aufrichtigkeit diesen schönen Namen beigelegt, als ich es noch jetzo thue. Ich kenne Ihre schwache Seite; ich kenne aber auch Ihr gutes Herz, und dieses macht mir die Vergebung Ihrer Fehler, wenn Sie welche gegen mich begehen können so leicht, daß ich mir ein Vergnügen daraus machen

würde

würde, Ihnen, ich weis nicht was, zu vergeben. Haben Sie ein Mistrauen in mich gesetzet, bin ich Ihren Augen ein falsches Mädchen gewesen; so habe ich mich an Ihnen schon genug dadurch gerochen, daß ich Sie von dem Gegentheile so genau zu überzeugen mich bemühet habe, daß sich Ihr garstiger Argwohn hat verstecken müßten. Ich bin nicht wenig stolz darauf, daß Sie inne werden, daß Sie nicht alleine ein gutes Herz haben, und daß Sie mir eben diese Ehre, wenigstens in Absicht auf Sich selbsten, zugestehen müssen: in Absicht auf andere aber scheint es, als wenn Sie mich für sehr muthwillig, wo nicht gar für boshaft hielten. Ich muß mich deswegen bei Ihnen rechtfertigen. Sie sind tugendhaft meine Juliane, Sie haben enges Gewissen, Sie sind gar zu zärtlich. Wenn ich Ihnen nicht suchte Ihren Irrthum zu benehmen, so würden Sie mich für das leichtsinnigste Mädchen von der Welt halten, und nichts wäre mir unleidlicher als dieses. Wer hat Ihnen denn gesagt, daß ich den Plan, wie Sie es nennen, zu

Hintertreibung Ihrer Verbindung mit meinem Oncle entworfen habe? In der That, ich habe ihn gut geheißen; aber er war nicht meine Erfindung. Sie haben diese, eben so wohl als die Ausführung desselben, einer Person zu danken. Der Baron ist der Patriot, der den Einfall hatte, die ganze Gesellschaft zu bezechen, und sich selbst dabei nicht zu vergessen, um Sie von dem Verdruße eines unangenehmen Liebesantrags zu befreien. Sie haben nicht Ursache, über den Kopf Ihres Herrn Vaters, und über das podagrische Bein Ihres Anbeters sich, ein Gewissen zu machen. Ich würde selbst einige Unruhe darüber empfinden, wenn ich glaubte, das dieses Unheil, ohne den Antrieb des Barons, wäre vermieden worden; allein urtheilen Sie selbsten, ob es nicht besser war, daß er sich und seinen Freunden einen Rausch trank, um ein Unheil zu vermeiden, als daß eben dieses ein paar Stunden später geschahe, um eine unglückliche Verbindung dadurch zu befestigen. Aus zwei Uebeln muß man doch allemal das Klein-

ste

ste erwählen. Geben Sie sich zufrieden mein Kind, Sie mußten einmal an diesem Tage eine Gelegenheit seyn, daß man den größern Becher der Frölichkeit, nach der Benennung unsers Magisters ausleerte. Was liegt Ihnen daran, aus welcher Nebenabsicht dieses geschahe. Ich bin in meinem Gemüthe über diesen Punkt ruhig; ich dächte, Sie wären es auch. Ueber einen andern Vorwurf den Sie mir gemacht haben, bin ich nicht so gleichgültig. Ich soll durchaus die Gespensterhistorie des Herr v. N. erfunden und eingefädelt haben. Mit Ihrer Frau Mutter habe ich deswegen schon eine Lanze brechen müssen, das fehlte mir noch, daß ich mit der Fräulein Tochter auch was zu zanken bekäme. Es ist Ihr großes Glück, daß Sie in dieser wichtigen Sache nichts entscheiden. Sie verlangen mehreres Licht darinne zu haben, ehe Sie ein Endurtheil abfassen, und mich freisprechen oder eine Gewissensrüge anstellen wollen. Sie können mich ganz sicher freisprechen. Ich werde für meine Unschuld keinen Beweis führen, nein nein meine Juliane, den verlangen Sie auch nicht. Wenn es die Noth erforderte, und man zu arglistigen Mitteln seine Zuflucht nehmen müßte, um Sie von einer unangenehmen Verbindung zu befreien; so könnte es wohl seyn, daß ich aus Freundschaft für Sie eine kleine Bosheit beginge, aber dismal habe ich in Wahrheit nicht daran gedacht. Sehen Sie diese romanmäßige Unternehmung noch einmal genau an, Sie werden den lächerlichen Magister von Anfang bis zu Ende darinne finden. Suchen Sie diesen ungegründeten Argwohn von mir Ihrer Frau Mutter gleichfalls zu benehmen: kann es aber nicht seyn, so lassen Sie ihr das Vergnügen, ihre Meinung zu behalten. Bitten Sie mich ja nie wieder um Verzeihung Ihrer Offenherzigkeit, wenn Sie mich nicht beleidigen wollen. Wir wollen nie aufhören, einander alles zu sagen, was wir denken, dieses ist der vollkommenste Beweis einer aufrichtigen Freundschaft. Wenn Sie der Aufmerksamkeit Ihrer Mama einmal entwischen können; so kommen Sie hieher nach

Schön-

Schönthal, ich habe große Lust, mit Ihnen mich recht satt zu schwatzen. Der Baron will sich, Ihnen zu gefallen, noch zehnmal einen Rausch trinken. Wir lieben Sie, wir schätzen Sie hoch; in beiden aber gebühret der Vorzug

Ihrer aufrichtigen Freundin

Amaliie v. S.

************ * ************

XL. Brief.

Der Magister Wilibald an den Baron v. F.

Kargfeld den 19 Septembr.

Reichsfreihochwohlgebohr. Herr, Gnädiger Herr.

Eu. Reichsfreihochwohlgebohr. Gnaden pflegen oftmals diesen sehr weisen Spruch im Munde zu führen: Ein Wort ein Wort, ein Mann ein Mann, und dieser vortreffliche Wahlspruch erinnert mich an ein Versprechen, das ich vorgestrigen Tages Denenselben, in dem Speisesaale des Herrn v. W., in Gegenwart einer hochansehnlichen Gesellschaft gethan habe; und ich erfülle es mit desto größerm Vergnügen, theils um dadurch zu beweisen, daß ich ein Mann von Parole bin, theils um dadurch Gelegenheit zu bekommen, mich in einigen Stücken, die mir sind zur Last geleget worden, zu rechtfertigen. Ob ich gleich so wenig dabei gleichgültig seyn konnte, da Eu. Hochwohlgebohr. gefiel, von dem großen Freunde meines Gönners kein gar zu vortheilhaftes Urtheil zu fällen, daß ich dadurch auf das lebhafteste gerühret wurde: so muß ich es doch herzlich beklagen, daß Sie einige Worte, die ich in guter Meinung wohl bedächtlich vorbrachte, und welche gar nicht dahin abzielten, Eu. Hochwohlgebohr. zu beleidigen, ungnädig empfanden. Ich glaube indessen, daß ich eine vollkommene Vergebung alles dessen, wodurch ich Hochdieselben beleidiget haben soll, erhalte, wenn ich Sie aufrichtig versichere, daß es mir nie in den Sinn gekommen ist, Dero Ehre und Ruhm jemals im geringsten anzutasten. Per me semper honos nomenque Tuum laudesque manebunt. Dieses habe ich nun meines Erachtens in Richtigkeit gebracht. Ich sehe Eu. Gnaden wieder als meinen Mäcenan, ich sage gleichsam zu Ihnen, wie jener große Dichter zu diesem: O et praesidium et dulce decus meum! In diesem Vertrauen gegen Sie, wag ich es, Dero Schutz und Hülfe in einer Sache anzuflehen, die mich sehr beängstiget. Seyn Sie doch, gnädiger Herr, seyn Sie doch, ich bitte Sie, ein großmüthiger Georg, der den Lindwurm, der an meinem Herzen naget, ritterlich besieget. Ich weiß, daß das Fräulein v. S. gewohnt ist, an ihren Herrn Bruder in Engelland alles zu berichten, was in unsrer Gegend sich zuträgt; ich weiß auch, daß der Herr v. S. seine Briefe allen Freunden in Grandisonhall zeiget. Es ahndet mir, daß das Fräulein alles, was bei der Gasterei des Herrn v. W. vorgefallen, vom Anfang bis zu Ende, an den jungen Herr Baron schreiben wird. Sie verstehet die Kunst, Sachen, die von keiner Wichtigkeit sind, auf einer Seite vorzustellen, daß sie das Ansehen wichtiger Begebenheiten erreichen. Wie leicht könnte es seyn, daß sie aus Mangel richtiger Begriffe, den Becher der Fröhlichkeit, welcher bei der Tafel des Herrn v. W. fleißig herum gieng, mit dem Laster der Trunkenheit verwechselte. Nichts würde mir empfindlicher seyn, als wenn der Doctor Bartlett mich, der ich mir eine Ehre daraus mache, in seine Fußtapfen zu treten, und alle meine Handlungen nach den seinigen einzurichten, für einen Trunkenbold und Weinsäufer ansehen sollte. Was würde dieser redliche Mann denken, wenn er solche Dinge von mir hörte? würde er sich nicht schämen, mir die Ehre eines Mitglieds einer berühmten königlichen Gesellschaft erworben zu haben? Ich will es zwar gerne zugeben, daß ich mich eben so wenig bei der Gasterei des Herrn v. W. in statu integritatis befand, als die übrigen vornehmen Gäste; aber dadurch wird noch keinesweges eingeräumet, daß man sich an diesen frohen Tage bezecht hätte. Indessen

sen höre ich unter der Hand, daß die Frau v. W. einige ihrer Gäste, und mich insbesondere, mit solchen Ehrentiteln überhäuft, die nur für niederträchtige Gemüther und für die Schenke gehören. Ich weiß, daß die Verwechselung der Begriffe von dem Freudentrunke und der Trunkenheit, an diesen falschen Urtheilen Schuld sind. Um nun diesem Uebel in Zukunft vorzubeugen, und meine Ehre und guten Namen dadurch, sowohl in hiesiger Gegend, als auch bei meinen Gönnern in Engellend, aufrecht zu erhalten; so habe ich es gewagt, angebogne kurze Beantwortung der Frage: Ob bei der Gasterei des Herrn v. W. der Becher der Fröhlichkeit zuweit sey getrieben worden oder nicht, zu entwerfen, und diese Abhandlung Eu. Hochwohlgebohr. unterthänig zuzueignen. Werden Sie die Gnade für mich haben, und aus dieser kleinen Schrift dem Fräulein v. S. für welcher, wenn ich es aufrichtig gestehen soll, ich mich am meisten fürchte, ingleichen bei Gelegenheit der Frau v. W. deutliche Begriffe von dem himmelweiten Unterschiede

zwi-

zwischen einem Trunkenbolde und einem, der den Becher der Fröhlichkeit kostet, beizubringen sich die Mühe geben. Werde ich dadurch von der Sorge, daß meinem guten Namen ein Klebefleckgen möchte angehangen werden, befreiet: so verspreche ich nicht nur meine Dankbarkeit gegen Eu. Gnaden auf alle nur ersinnliche Art und Weise zu Tage zu legen, sondern ich werde dadurch auch aufgemuntert werden, mehrere dergleichen nützliche Unternehmungen zu wagen. Ich verharre mit vollkommenster Hochachtung,

Eu. Reichsfreihochwohlgebohr.

Meines gnädigen Herrn

unterthäniger Diener

L. Wilibald Phil. D.

Ein-

Einschluß des vorigen Briefs.

Kurze und bescheidene Beantwortung der Frage: Ob bei der Gasterei des Herrn v. W. der Becher der Fröhlichkeit zuweit sey getrieben worden oder nicht?

§. 1.

Was der Becher der Fröhlichkeit sey.

Ein Becher wird im weitläuftigen Verstande jedes Gefäße genennet, woraus man zu trinken pfleget, oder kürzer, ein Becher ist ein Trinkgeschirr. Der Wein ist ein Saft, welcher aus Trauben gepresset und in großen Gefäßen, die man Fässer nennet, in unterirrdischen Gewölbern oder Kellern zum Gebrauche aufbehalten wird. Die Alten hielten es zwar damit anders; sie zogen den Wein auf Flaschen, und verwahrten ihn in dem obern Theile, oder auf dem Boden ihrer Häuser. Die Fröhlichkeit ist eine Beschaffenheit des Gemüths, welche uns eine Zeitlang aller Sorgen vergessen macht, und unsere Gedanken nur mit angenehmen Empfindungen beschäftiget. Der Becher der Fröhlichkeit (poculum

culum hilaritatis) ist also der Genuß des Weins, aus einem Trinkgeschirr, den man so lange fortsetzet, bis man spüret daß das Gemüthe vollkommen aufgeräumet ist, oder bis man eine vollkommene Heiterkeit im Gemüthe empfindet.

Anmerkungen.

Die erste. Weil der Becher der Fröhlichkeit das Gemüthe aufheitert, so werden die, welche ihn trinken, illuminati, das ist, Aufgeheiterte oder Erleuchtete genennet.

Die zweite. Einer, der keinen Wein trinket, heißt Abstemius. Leute von der Art, die sich muthwillig um eine solche Ergötzlichkeit dieses Lebens bringen, als das Weintrinken ist, sind nicht klug, ergo sind die Türken nicht klug.

§. 2.

Wer der Erfinder davon gewesen.

Noah, der zweite Stammvater des menschlichen Geschlechts, hat den Weinbau erfunden.

den. Er trank den Wein aus einer doppelten Absicht, erstlich um der Schwäche seines Magens dadurch zu statten zu kommen, zum andern, um dadurch seine Bekümmerniß, daß er seine guten Freunde hatte sehen im Wasser umkommen, durch Wein zu lindern. Wenn er seinen Becher aus dieser Absicht ansetzte, so trank er das poculum hilaritatis, und weil dieses Niemand vor ihm that, so war er mithin der erste. Es ist also klar, daß Noah der Erfinder des Bechers der Fröhlichkeit gewesen ist.

§. 3.

Wie vielerlei derselbe sey.

Wir haben ein zweifaches poculum hilaritatis, ein grösseres (majus) und ein kleineres (minus). Dieses letztere bestehet darinne, wenn man ein Glas Wein mehr trinket, als es die Nothdurft erfordert. Der gemeine Mann nennet dieses einen Trunk über den Durst. Jenes kann nur Statt finden, wenn man mit dem Vorsatze trinket, aufgeräumt zu werden, und mithin muß der Genuß des

Weins so lange fortgesetzet werden, bis man diesen Entzweck erreichet hat.

§. 4.

Wie man beide den grössern und den kleinern Becher brauchen soll.

Des kleinern Bechers der Frölichkeit kann man sich so oft bedienen als man will; aus dem grössern aber muß man kein Handwerk machen; sonst wird aus dem Becher der Fröhlichkeit ein Becher der Trunkenheit. (Poculum hilaritatis conuertitur in poculum ebrietatis.)

Anmerkungen.

Die erste. Die Gelehrten, welche mit dem Kopfe arbeiten, und einer Aufmunterung ihrer Lebensgeister öfterer als andre nöthig haben, dürfen den grössern Becher der Fröhlichkeit so oft versuchen, als sie es gut befinden ihre Lebensgeister aufzumuntern. Einfolglich gilt bei ihnen eine Ausnahme.

Die zweite. Das poculum hilaritatis majus ist die Hippokrene der Poeten.

§. 5.

Das vorhergehende wird weiter ausgeführt und bestätiget.

Es

Es erhellet aus der Vernunft und Erfahrung, daß man nicht nur Wein trinken könne, um den Durst zu löschen, sondern daß dieses auch geschehe, um sich zu erquicken. Man pflegt im Sprichworte zu sagen: Vinum est lac senum, das ist, Wein thut den Erwachsenen eben die Dienste, als Milch den Säuglingen. Wer sich nun am Weine erquicket, dessen Gemüthe wird munter; wer sein Gemüthe durch den Wein ermuntert, ohne dabei seiner Sorgen zu vergessen, der trinkt den Becher der Frölichkeit, und zwar den kleinern. Alle Moralisten, sowohl Theologi als Philosophi stimmen darinne überein, daß es erlaubt sey, diesen kleinern Becher, wenn und so oft man will, zu versuchen, denn er dienet zur Erhaltung des menschlichen Lebens und der Gesundheit; alleine wegen des größern sind die Gelehrten nicht einerlei Meinung. Einige, und zwar die strengsten Moralisten, verwerfen solche in ihren Schriften ganz; sie thun es aber nur zum Scheine, und machen sich kein Bedenken, ihn dann und wann selbsten auszuleeren. Die gelindern lassen solchen, wiewohl nicht mit offenbaren Worten, (aperte,) jedoch aber stillschweigend (tacite) zu. Es wird nöthig seyn, um dieses zu bestätigen, ein oder anderes Beispiel hiervon aus den Schriften eines großen Kirchenlehrers anzuführen. Dieser ernsthafte Mann, da er bereits in einem wichtigen Amte stund, schreibt an einem Orte, in seinem Tractätlein von der Einbildung folgendes. Ich muß hier, spricht er, Kurzweilitatis gratia erzählen, was sich mit mir zugetragen, als ich zu Königsberg studirte. Nachdem ich mit vornehmen Bürgern bekannt worden, wurde ich zuweilen Erlustirens halber, in ihre Lusthäuser außer der Stadt geführet, und wenn sie ihre Flaschenfutter aufthäten, war dieses allezeit die erste Frage, wie mir der Wein schmeckte? Wenn ich denn den sauern Wein, so halber Krautlache (war) lobte: soffen sie sich so voll als die Bürstenbinder, und wurden von lauterer Opinion voll und toll. Hier muß man wohl bemerken, daß die Redensarten: sich so voll sauffen als die Bürstenbinder, von lauterer Opinion voll und toll werden, in

etwas

etwas uneigentlichem Verstande müssen genommen werden, wie es auch aus der Natur der Sache schon genugsam erhellet. Denn man weiß, daß sich so arme Leute, als die Bürstenbinder sind, nicht in Wein bis zur Vollheit bezechen können, und von lauterer Opinion wird man sich nicht leicht einen Rausch trinken. Wenn also der gelehrte Mann, der dieses schreibt, jetzo leben sollte, so würde er sagen: und wenn ich den sauren Wein lobte, so gefiel ihnen dieses sowohl, daß sie darüber ganz lustig wurden, und den grössern Becher der Frölichkeit mit einander ausleerten. Ich will doch noch ein Beispiel aus eben diesen Autore von gleichem Schlag anführen, es stehet gleich auf der folgenden Seite des obenangezogenen Tractätleins, die Worte lauten also: Gestern, als ich auf meinem großen Stuhle eingeschlafen (war) träumte mich, ich war in einem herrlichen Pallast, da hörte ich den Abdanker seine Oration halten, in welcher er den Hochzeitgästen Dank sagte, daß sie sich einstellen und mit ihrer Gegenwart solche (Hochzeit helfen zieren wollen;

führte dabei an, sie wollten bedenken, daß anjetzo das Martinsfest wäre, wollten demnach wacker herum trinken, daß kein Tropfen darinne (in dem Fasse oder Becher) blieb. Denn, sagte er, der Sauerkopf Seneca, der, der alle Berge eben tragen wollen, hat selbst zuweilen gesoffen, daß er den Fuchsen geschossen und über eilfe geworfen, (was diese Ausdrücke bedeuten, ist schon oben bei dem Bürstenbinder erkläret,) und das sollte eine vortreffliche Medicin seyn, aller vornehmsten Arzenei Doctorn Meinung nach. Alexander der Große hat nie eine Feldschlacht angetreten, er habe denn zuvor tapfer gesoffen. Wer sollte sich aber dessen schämen, was Seneca, was Alexander M. was Cato gethan? Und solche Vorgänger zu haben, ist nicht allein wohl zu verzeihen, sondern noch wohl lobenswerth. So weit unser Autor. Hieraus leuchtet nun ganz deutlich in die Augen, daß der Becher der Frölichkeit stilleschweigend gebilliget wird, und dieses läßt sich hauptsächlich aus drei Gründen beweisen, I.) Weil der Autor beiden angezogenen Stellen kein ungleiches Urtheil beifüget

füget, und also durch sein Stilleschweigen die Sache billiget, denn qui tacet consentire videtur II.) Weil er es selbst veranlasset hat, daß die Bürger in Königsberg sich besoffen haben wie die Bürstenbinder, oder eigentlich zu reden, daß die Bürger in Königsberg den größern Becher der Frölichkeit versucht haben. III.) Weil er sich kein Bedenken macht, einen Traum zu erzählen, der eine Aufmunterung zum Gebrauche desselben enthält. Er würde diesen Traum gewiß verschwiegen haben, wann er befürchtet hätte, dadurch eine Aergerniß anzurichten, da er aber dieses nicht gethan hat; so ist es außer allem Streit, daß er nichts darwider einzuwenden hatte. Welches zu erweisen war.

Anmerkung.

Wenn es also die Moralisten verstatten, dann und wann so tief in das Glas zu gucken, daß man den Fuchsen schießt und über eilfe wirft; so ist es klar, daß es erlaubt sey, den größern Becher der Frölichkeit zur Ergötzung des Gemüths zu gebrauchen.

§. 6.

Was die Trunkenheit sey, item ein Trunkenbold, Vollzapf ꝛc.

Die Trunkenheit entstehet entweder durch den gar zu öftern Gebrauch des Bechers der Frölichkeit, (§. praeced.) wenn man alle Tage will Martini machen, wie man im gemeinen Leben zu reden pflegt; oder wenn man das poculum hilaritatis zu weit treibt, daß die Heiterkeit des Gemüths sich verlieret, wenn man durch die Weindünste benebelt wird. Ein Trunkenbold, gleichsam der dem Trinkbecher hold ist, oder ein Vollzapf, ist ein Mensch, der eine Fertigkeit besitzt, alle vollen Gläser auszuleeren, und der also mit trinken nicht eher abläßt, bis er schwarz und weiß, Tag und Nacht nicht mehr unterscheiden kann.

§. 7.

Daß die Trunkenheit ein Laster sey, und viel Unglück stifte.

Wer so viel trinkt, daß die Heiterkeit seines Gemüths dadurch unterdrücket wird, der verlieret den Entzweck des Bechers der Freudigkeit,

digkeit, und schwächet dabei seine Gesundheit und sein Vermögen. Es kommt oftmals dahin, daß solchergestalt ein reicher Crassus ein Friedrich mit der leeren Tasche wird, * einfolglich beleidigt ein Trunkenbold die Pflichten gegen sich selbst, mithin ist er lasterhaft, und die Trunkenheit selbst ein Laster. Ein Laster kann nichts anders als Unheil anstiften, folglich stiftet die Trunkenheit viel Unheil an. Daß dieser Satz der Wahrheit vollkommen gemäß s.y, solches lehret nicht nur die tägliche Erfahrung, sondern es kann auch durch sehr viele Beispiele bestätiget werden. Auszugsweise will ich davon doch etliche anführen. Zu Bacharach, einem Städtlein in der Pfalz, welches seinen Namen daher erhalten, weil guter Rheinwein daselbst wächst, und es gleichsam Bacchi ara, oder ein Altar des Weingottes ist, wohnte vorzeiten ein grosser Schwelger, der sein einziges Vergnügen in dem Keller nicht anders als ein Fisch im Wasser fand. Einsmals gieng obgedachter Temulent ins Weinhaus, und fing an, die Zeit mir Zechen und andrer Kurzweile zu vertreiben, übte sich auch so fleißig in der Gläser-ausleerung, daß er einen guten Rausch bekam. Immittelst wurde die Weile seinem schwangern Weibe zu Hause sehr lang, welche sich hin begab, ihren vollen Nabal heimgehen zu heißen; er verehrte sie aber mit etlichen Maulschellen, und warf ihr einen Haufen Flüche und Scheltworte an den Hals. Sie ging hierauf ihres Weges, den gottlosen Mann unter den andern Trunkenbolden lassend. Nach Verlauf etlicher Viertelstunden hat sie ein überaus abscheuliches Monstrum oder Mißgeburt zur Welt gebracht, welches alle Anwesenden in höchstes Schrecken versetzte. Dessen Gestalt war also beschaffen: forne an dem obern Theile des Leibes sahe es einem Menschen ähnlich, hinten hinab aber, und unten, einer Schlange, und hatte einen Schwanz bei drei Ellen lang. Indem man nun nicht weis, was man mit diesem Ungeheuer anfahen soll, kömmt der volle Zapfen nach Hause. Die schreckliche Mißgeburt gab, so bald sie ihn sahe, einen Schlangen ähnlichen Laut von und warf sich mit großer Ungestüm an des

Flu-

Fluchers Hals, umhüllete denselben etliche mal mit dem Giftschweife, verwundete ihn auch mit verschiedenen Stichen; daß der gottlose Mensch seinen Geist aufgab, und die tolle und volle Seele dem Teufel in die Wäsche schickte **. Ein anders. Nicht weit von Jena wohnte vorzeiten ein Trunkenbold, der, wenn er sich besoffen hatte, mit Jedermann zanken und hadern mußte. Einsmals begab sichs, daß er toll und rasend den Wirth in der Schenke mit seinen Gästen fressen wollte. Die Frau heulte und bat, er sollte mit ihr nach Hause gehen, sie wollten zu Hause ein Kännlein Wein mit einander ausstechen. Der volle Narr aber wollte nicht, sondern schlug das Weib gar übel, und lief zum Tische, als wollte er zehn volle Bauern mit einem Streich erschmeißen; es traf ihn aber einer mit einer Kanne dermaßen vor den Kopf, daß er alsbald umfiel und starb, und weil man zuvor die Leuchter ausgelöschet hatte, ist noch nicht erfahren worden, wer diesen thörigten Hund erworfen hat ***. Noch eins zur Zugabe. Zu Meiningen im Hennebergischen

gischen war einmal ein Mann, Hanns Bier-dümpfel benannt, welcher sich lieber in Bier- und Brandeweinhäusern, als in der Kirche finden lies, dieser hat sich einmal dermaßen mit Brandewein angefüllet, daß ihn derselbe das Herz abgebrannt hat. ****.

* Besiehe hiervon P. Lambec. de biblioth. caes. lib. II c. 8.

** M. Janson in Mercur. Gallobelgic.

*** M. Wolfgang Bütner in epit. histor.

**** M. Joh. Seb. Günthers Meining. Chron.

§. 8.

Ob bei der Gasterei des Herrn von W. der Becher der Frölichkeit oder der Becher der Trunkenheit Statt gefunden habe? Letzteres wird verneinet.

Nachdem nun das nöthige zur Beantwortung unserer aufgeworfenen Frage vorausgesetzet worden, so wird es leicht seyn, solche gründlich, und zwar verneinend, zu beantworten: Das Maas des Bechers der Frölichkeit ist bei der Gasterei des Herrn v. W. nicht

nicht überschritten worden. Dieses beweisen wir so: Nur der macht sich des Lasters der Trunkenheit schuldig, welcher so viel trinket, daß die Heiterkeit des Gemüths dadurch unterdrucket wird, oder welches einerlei ist, daß er Tag und Nacht, schwarz und weiß nicht mehr unterscheiden kann. (per §. 6 & 7.)

Bei der Gasterei des Herrn v. W. hat Niemand so viel getrunken, daß dadurch sein Gemüthe dergestalt wäre benebelt worden, daß er schwarz und weiß, Tag und Nacht, nicht mehr hätte unterscheiden können: (per experient.)

Also hat sich auch Niemand bei der Gasterei des Herrn v. W. des Lasters der Trunkenheit schuldig gemacht. Oder auch so: Wenn wahr ist, daß die Trunkenheit allemal viel Unheil stiftet, wie solches aus dem vorhergehenden §. nicht kann geleugnet werden: so würde folgen, daß aus der Gasterei des Herrn v. W. vielerlei Unglück müßte erwachsen seyn, wenn bei solcher die Trunkenheit geherrschet

herrschet hätte. Da aber bis jetzo noch kein Ungeheuer dadurch ist ausgebrütet, auch Niemand mit der Kanne dermaßen an den Kopf getroffen worden, daß er davon gestorben wäre; am allerwenigsten aber durch die Vielheit des Getränkes Jemand um Leib und Leben kommen ist: so bleibet es dabei, daß man die Gränzen des Bechers der Frölichkeit nicht überschritten hat. Hat sich nun Niemand des Lasters der Trunkenheit bei der Tafel des Herrn v. W. schuldig gemacht; ist aber gleichwohl ein Glas Wein mehr getrunken worden, als zu des Leibes Nahrung und Nothdurft gehörte; so folgt daraus, daß der größere Becher der Frölichkeit, nicht aber, wie fälschlich vorgegeben wird, der Becher der Trunkenheit von einer hochansehnlichen Gesellschaft zu einer unschuldigen Gemüthsergötzlichkeit ausgeleeret worden. W. z. e. w.

§. 9.

Beschluß.

Solchergestalt wäre also die Ehre der vortrefflichen Gesellschaft in Wilmershausen gerettet,

rettet, und die hochansehnlichen Glieder derselben von dem Verdachte eines Fehlers befreiet, welchen nur niedrige Gemüther begehen können. Es ist also nichts anders, als eine pure lautere Verläumdung und Unwahrheit, wenn man sich nicht entblödet, zu sagen, daß einige der anwesenden Gäste in Wilmershausen rechte Trunkenbolde und Vollzapfen gewesen wären; ich sage, es ist dieses nichts anders, als eine Verläumdung und Erdichtung, die bei einer genauen Untersuchung der Wahrheit nicht Stich hält, und welcher man sicher widersprechen kann. Denn da zur Gnüge bewiesen worden ist, daß kein Mensch von allen Anwesenden den Becher der Frölichkeit zu weit getrieben habe; so fällt die Beschuldigung der Trunkenbolde für sich selber hin. Wo die Trunkenheit nicht Statt findet, da kann auch kein Trunkenbold seyn, cessante caussa cessat effectus. (Man besehe hiervon Danzii Grammat. hebr. §. 17. caut. 7). Ich weis, daß das ganze erlauchte Publicum, der Wahrheit gemäs, von diesem Vorgange urtheilen, und mehr dieser aufrich-

tigen

tigen Schutzschrift, als einem flüchtigen Gerüchte, aus dem Munde übelgesinnter Personen Beifall geben wird. Es ist mir zwar sehr empfindlich, daß böse Zungen von einer vornehmen Gesellschaft, in welcher ich mich selbst zu befinden die Ehre hatte, nachtheilige Unwahrheiten auszusprengen, sich kein Bedenken machen, und ich denke mehr als einmal an die Worte: Dorn und Disteln stechen sehr, falsche Zungen noch vielmehr, noch wollt ich lieber in Dorn und Disteln baden, als mit falschen Zungen seyn beladen. Inzwischen, da ich es doch nicht dahin bringen werde, allen Leuten das Afterreden zu verbiethen; so will ich zusehen, ob ich wenigstens ihren offenbaren Spöttereien und üblen Nachreden Einhalt thun kann, wenn ich diesen Fluch über sie ausspreche, welchen schon vor mir ein berühmter Schriftsteller *, wegen seiner Neider und Misgünstigen, jenem gekrönten Haupte abgeborget hat: Honni soit qui mal y pense!

* Siehe hiervon Zieglers Vorrede zu seiner Asiatischen Banise.

XLI.

XLI. Brief.

(Diese drei Briefe, welche hier folgen, hatte der Magister in den seinigen an den Doctor Bartlett abschriftlich eingelegt.)

An den Herrn v. N.

Wilmershausen den 18 Sept.

Hochwohlgebohrner Hr. Erb-Lehn- und Gerichtsherr auf Kargfeld und Dürrenstein,

Gnädiger Herr,

Ew. Hochwohlgebohrnen kann ich nicht unverhalten lassen, daß mir die Ergebenheit, mit welcher ich Ew. Gnaden zugethan bin, ein großes Unglück über den Hals gezogen, daß ich die Hände über dem Kopfe zusammenschlagen muß. Ob ich gleich meinem Amte als ein rechtschaffener und treuer Haushalter nun in die 19 Jahre bei dem Herrn v. W. vorgestanden habe; so hat er mich

mich doch heute unvermuthet, und da ich ihm nicht die geringste Ursache darzu gegeben habe, aus seinen Diensten entlassen, und dabei vorgewendet, ich hätte mich von Ihnen bestechen lassen, und zu ungewöhnlicher Zeit Thür und Thor aufgesperret, und dadurch verursachet, daß Sie den Herrn und die gnädige Frau auf den Tod erschrecket hätten. Ich dachte, was für große Fische ich dabei fangen würde, wenn ich gegen Ew. Gnaden so dienstwillig wäre, und mich bereden lies, Ihnen zu willfahren; aber diese Gutwilligkeit hat mich um meine Versorgung gebracht, und wenn mir Ew. Gnaden nicht helfen, so habe ich mich zwischen zwei Stühle niedergesetzt. Die gnädige Frau sagte, da ich sie bat, wegen einer so geringen Ursache mich doch nicht mit Weib und Kindern aus dem Edelhofe zu verstoßen, in welchem ich länger gewohnt habe, als sie selbsten, ich sollte mich nur an Sie halten, Sie brächten mich um mein Stückgen Brodt und müßten mich auch nun ernähren. Ich thue Ihnen also meinen Unglücksfall zu wissen, in Unterthänigkeit

bittende,

bittende, Ew. Gnaden wollen mir armen verlassenem Manne nebst Weib und Kindern den nöthigen Unterhalt verschaffen; weil Sie doch die alleinige Ursache sind, daß mein Amt von mir ist genommen worden, sonst würden wir ach und weh! über Sie schreien müssen. In der Hoffnung, daß Sie mich bald durch eine gute Nachricht werden erfreuen lassen, verharre ich

Ew. Hochwohlgebohrnen

unterthäniger Diener,

Peter Bornseil,

gewesener Verwalter in Wilmershausen.

XLII. Brief.

Der Magister an den Verwalter Bornseil.

Kargfeld den 20 Sept.

Vielgeehrter guter Freund,

Was derselbe in seinem unterthänigen Memorial an meinen gnädigen Sir noch gesuchet; solches haben sich

Se. Hochwohlgeb. von mir gestern referiren lassen, und haben befohlen, demselben hierauf freundlich zu benachrichtigen: daß mein Herr Principal an seinem unglücklichen Schicksale vielen Antheil nimmt, und herzlich bedauret, daß derselbe bei seiner Herrschaft in Ungnade gefallen ist, und dadurch sein Stückgen Brod verlohren hat. Er kann sich darauf verlassen, daß mein vortrefflicher Sir bei seiner Herrschaft eine nachdrückliche Vorbitte für ihn einlegen wird, und wenn er etwas beitragen kann, ihm die Gnade des Herrn v. W. wieder zu erlangen, wird er sich daraus ein großes Vergnügen machen. Wenn aber derselbe anverlanget, daß der Herr v. N. ihn nebst seiner Familie versorgen soll, nachdem er seines Amtes, angeblich wegen der Willfährigkeit gegen meinen Patron, entsetzet worden: so dient ihm hierauf in freundlicher Antwort, daß dieses Ansinnen den Herrn v. N. ziemlich befremdet hat; indem noch lange nicht erwiesen ist, daß der gute Wille gegen meinen Gönner seine Dienstentlassung verursachet habe. Die Gelehrten unterscheiden

sehr

sehr wohl das consequens von der consequentia. Lasse er sich diese lateinischen Worte von dem Herrn Pastor in Wilmershausen erklären, so wird er sehen, daß sein Ansuchen unstatthaft ist, und daß der Herr v. N. keinesweges verbunden sey, ihm mit Weib und Kindern, besonders jetzo in diesen schweren Zeiten, zu ernähren. Ob er nun gleich von Rechts wegen nichts von dem Herrn v. N. zu fodern hat; so will dieser doch ein übriges thun, und ihm ein Expectanzdecret zufertigen lassen, im Fall er sich einstweilen gedulden, und sich fein fleißig auf die Musik und den Catechismus legen will, nach dem tödtlichen Hintritt des Herrn Lorenz Lobesans, derzeitigen treufleißigen Schuldieners zu Kargfeld, solche Bedienung ihm unter dem Prädicate eines Cantors gnädig angedeihen zu lassen. Kann er aber nicht so lange von der Schnure zähren, so thut er sehr wohl, wenn er sich nach einer einstweiligen Versorgung umsiehet. Er kann übrigens auf meines Herrn Principals Vorspruch und auf meinen guten Rath allemal Staat machen. Hiermit Gott befohlen. Ich verbleibe

Sein

wohlgeneigter Freund,

M. L. Wilibald.

* *

XLIII. Brief.

Der Verwalter an den Magister.

Wilmershausen den 20 Septembr.

Wohlgelahrter

Guter Freund,

Ihr Brief, den ich vor einer Stunde erhalten habe, hätte mir bald das Garaus gemacht. Es wäre kein Wunder, ich thäte mir ein Leids. Sie geben mir einen gar schlechten Trost in Ihrem Briefe, und der Herr v. N. kann es sein Tage nicht verantworten, daß er mich um meine Versorgung gebracht, und es nun nicht einmal Wort haben will. Ich habe immer so ein gutes Vertrauen zu ihm gehabt, daß ich Häuser auf ihn gebauet hätte: aber nun sehe ich, daß man heutiges Tages Niemanden quer über den Weg trauen darf. Ich weiß wohl, daß Ihr Herr so schlimm an sich nicht ist. Wenn ich die deutsche Wahrheit sagen soll, so stecken sie darhinter und verhetzen ihren Herrn gegen mich; denn das weiß Jedermann, daß Sie ihn link und recht machen können: aber Sie werden schon einmal davor Ihren Lohn bekommen. Nehmen Sie es nicht übel, ich bin ein einfältiger Mann und rede, wie es mir vom Herzen gehet. Sie sind ein hochstudirter Mann und wenn Sie anfangen zu disputiren, so muß unser einer freilich fünfe lassen gerade seyn: das sollen Sie mir doch nicht weiß machen, daß der Herr von N. nicht sollte Schuld daran seyn, daß mich der Herr von W. abgeschaffet hat. Die gnädige Frau hat mirs selber unter den Bart gesagt, der glaube ich und kehre mich wenig an Ihre lateinischen Brocken. Will mich der Herr v. N.

nicht versorgen, so muß ich desperat werden, und unter die dicksten Soldaten gehen, und das liebe Vaterland mit rujeniren helfen. Ich habe noch dreisig Gülden, dafür will ich meine Frau in den Spittel kaufen, meine Lise kann einem Herrn dienen, und meine zwei kleinen Kinder lasse ich dem Herrn v. N. vor die Thür setzen. Will er sich ihrer annehmen, so ist es gut, wo nicht, so mag er es auch verantworten. Ich bin ein geschlagener Mann; ehe ich mein Brod vor der Thür suche, will ich lieber einem großen Herrn dienen. Auf einen Schulmeister habe ich mein Tage nicht studiret, und nun ist es zu späte, daß ich erst anfangen sollte, nach Noten singen zu lernen, und meine Finger sind auch überdem zum Trillern auf der Orgel schon zu steif. Grüßen Sie Ihren Herrn von meinetwegen, und sagen Sie es ihm nur, daß ich ihm alles mein Unglück auf den Kopf Schuld gebe, er mag es nun worthaben wollen oder nicht. Künftige Woche gehe ich in die Stadt zu den Werbern und lasse mich unterhalten, hernach werde ich nicht mehr nöthig haben, ihm viel gute Worte zu geben. Aber so viel ist richtig, meine zwei Kinder soll ihr Herr ernähren, ich lasse sie ihm vor die Thür setzen, so wahr ich ein ehrlicher Mann bin. Uebrigens verharre ich allstets.

Meines vielgeehrten Herrn Magister

ergebner Diener
Peter Bornseil.

XLIV. Brief.

Der Magister an den D. Bartlett.

Kargfeld den 22. Septembr.

Hochwürdiger Hochgeehrtester
Herr Doctor,
Vornehmer Gönner,

Es hat mir gestern das Fräulein v. S. Nachricht gegeben, daß sie heute an ihren Herrn Bruder schreiben würde, und zugleich habe ich die Erlaubnis erhalten, ihren Brief mit einem Einschluß beschweren zu dürfen. Ich bediene mich dieser Erlaubnis gar zu gerne, weil ich dadurch Gelegenheit bekommen, Eu. Hochwürden eher als ich vermuthete, für Dero besondere Gewogenheit gegen mich den verbundensten Dank abstatten zu können. Vortreflicher Mann! Wo werde ich Worte finden, die Größe Ihrer Gewogenheit gegen mich, und meine Dankbarkeit gegen Sie, damit würdig zu bezeichnen? Wodurch werde ich mich der Ehre, die Sie mir verschafft haben, ein Mitglied einer berühmten königlichen Gesellschaft geworden zu seyn, würdig machen können? Wenn ich das Feuer eines Horaz, die Anmuth des Ovids und Pindars Stärke der Gedanken besäß; so wollte ich es wagen, Sie durch ein Lobgedichte zu verewigen. Allein Sie sind bereits über alles Lob erhoben, und es würde eben so viel seyn, als wenn ich einen Mohr bleichen wollte, wenn ich es unternähme, Sie der Nachwelt zu empfehlen; da Sie bereits in der Geschichte eines erlauchten Grandisons in einem so schimmernden

den Lichte erscheinen, welches die düstern Schatten der entferntesten Zukunft durchdringen, und die Augen der spätesten Nachkommen rühren wird. Hier will ich aufhören, mehreres von Dero Ruhme zu gedenken, so gerne ich mich auch damit beschäftige, damit ich nicht in den Verdacht einer Schmeichelei gerathe. Der Auftrag meines Gönner an Sie verschafft mir noch auf einige Augenblicke das Vergnügen, mich mit Ihnen zu unterreden. Mein Principal weiß, wie gerne sich der Baronet nothleidender Personen annimmt, und wie viel Sie darzu beitragen können, daß er das Maas seiner Wohlthaten gegen dergleichen Leute vergrößert oder verringert. Aus einliegenden drei Briefen werden Sie einen Mann kennen lernen, der des Mitleidens des Herrn Grandisons vor andern würdig ist. Er hat lange Zeit bei dem Herrn v. W. einem Freunde meines Gönners als Verwalter seiner Güter in Bedienung gestanden; vor einigen Tagen aber das Unglück gehabt, seine Dimißion zu erhalten. Dieser gute Mann hegt gegen den Herrn v. N. die ungegründeten Gedanken, als wenn er an seinem Unglücke einige Schuld hätte. Und ob ich gleich die Unschuld meines gnädigen Herrn durch eine bekannte Distinction gnugsam gerettet habe; so will doch dieser einfältige Mann sich davon gar nicht überzeugen lassen. Vielleicht habe ich Gelegenheit, in kurzem Eu. Hochwürden eine ausführliche Nachricht von den Unternehmungen meines Patrons, die ihm seinem großen Muster ähnlich machen, zu ertheilen, hierdurch werde auch in dieser Sache vollkommenes Licht bekommen. Sie können es indessen auf mein Wort glauben, daß mein Gönner so wenig geneigt ist, Leute unglücklich zu machen als der Ihrige, und daß wann es in seine Macht stünde, Jederdermann glücklich seyn würde. Um hiervon auch den unglücklichen Bornseil zu überführen, mußte ich ihm allerhand feine Vorschläge thun, die er aber doch alle verworfen hat; ia er drohete so gar in der Desperation zwei seiner Kinder meinem Gönner vor die Thür setzen zu lassen. Da nun dieses in Deutsch-

für etwas schimpfliches gehalten wird, und man allerlei ungleiche Urtheile darüber fällen könnte, wenn mein Patron auf solche Art ein Pflegevater werden sollte; so that ich ihm gestern den Vorschlag, diesen Mann, der allezeit einen ehrlichen und unbescholtenen Lebenswandel geführet hat, Eu. Hochwürden und der Gütigkeit des Herrn Baronets zu empfehlen. Mein Principal fand hierbei nichts einzuwenden. Ich ließ deswegen den trostlosen Bornseil zu mir erfodern, und eröffnete ihm, daß mein gnädiger Herr Willens wäre, ihm eine gute Versorgung zu schaffen, wenn er sich entschließen wollte, außerhalb seines Vaterlandes solche anzunehmen. Er war über diesen unerwarteten Antrag außerordentlich erfreuet, und versicherte mich, daß er bereit wäre, bis ans Ende der Welt nach seiner Versorgung zu gehen, wenn er sich und seine Familie nur ehrlich nähren könnte. Ich stellte hierauf ein kurzes Examen mit ihm an, um zu erfahren, ob er der Recommendation Eu. Hochwürden würdig wäre, und da habe ich denn nach einem genauen Tentamine befunfunden, daß er zwar in seinem Catechismus eben nicht sonderlich beschlagen gewesen; ob ich gleich nicht kann in Abrede seyn, daß er einige Reimgebetlein noch ganz fertig hersagen konnte. Allein die Regeln der Haushaltungskunst waren ihm desto besser bekannt. Er wußte eine große Menge derselben theils aus dem Becher, theils aus den Colero, in deutschen Reimen verfaßt auf dem Nagel herzusagen. Insbesondere konnte er gleich ex tempore alle Tage, welche im Kalender mit einem rothen Kleeblat bezeichnet sind, nennen. Nicht minder besitzt er auch eine große Erkänntnis öconomischer Erfahrungen, die Witterung zu beurtheilen, und auf viele Wochen Frost und Hitze, Regen und Sonnenschein vorherzusagen. Eben ein so gutes Zeugnis kann ich ihm auch in der Rechenkunst ertheilen, die schwersten Aufgaben wußte er in kurzer Zeit genau und glücklich aufzulösen. Die Regel Detri und welsche Practik verstehet er aus dem Grunde; insbesondere aber hat er etwas in der Regula Falsi gethan. Da nun dieser gute Mann sein

Pfund

Pfund vergraben müßte, wann er sollte gezwungen seyn, dem Kalbfelle nachzuziehen, und da über dieses mein gnädiger Herr es als eine ganz außerordentliche Gefälligkeit ansehen würde, wenn Eu. Hochwürden so viele Achtung für sein Vorbitten haben und diesen unglücklichen Mann, der es nicht durch sein Schuld geworden ist, Ihrem Gönner recommandiren wollten: so habe ich das Vertrauen zu Dero bekannten Menschenliebe, daß Sie mich nicht eine Fehlbitte thun lassen werden, wenn ich mich mit meinen Patron vereinige, und Sie angelegentlichst ersuche, sich über diesen Verlassenen zu erbarmen, und ihm wieder zu einer zureichenden Versorgung behülflich zu seyn. Mein unvorgreiflicher Vorschlag ginge unmaßgeblich dahin, daß dem ehrlichen Bornseil die Verwaltung von einen der Güter des Herrn Barонets in Irrland aufgetragen würde; oder wo dieses nicht seyn könnte, daß Sie ihn doch wenigstens den Herren Commissarien von Neugeorgien und Südcarolina bestens empfehlen wollten, um ihn einen Wohnplaz in Neuebenezer, oder an einem andern schicklichen Orte anzuweisen. Ich erwarte mit nächstem von Ihnen Verhaltungsbefehle, wenn besagter Bornseil mit seiner Familie von hier nach Engelland abreisen soll, und was Sie etwan sonst noch mir befehlen werden. So viel getraue ich mir mit Wahrheit dahin zu behaupten, daß ich den großbrittanischen Staaten einen sehr nützlichen Bürger verschaffen werde. Es will unter der Hand verlauten, daß Ew. Hochwürden in kurzem ein erledigtes Bißthum erhalten würden, ich wünsche Ihnen im voraus Glück dazu. Mein Gönner empfiehlt sich Ihuen nebst mir und ersucht Sie, eben dieses für ihn bei Sr. Hochwohlgebohrn. dem Herrn Baronet und dessen vortrefflichen Frau Gemahlin zu thun. Ich empfinde in meinen Herzen allemal ein rührendes Vergnügen, wenn ich Gelegenheit habe mich zu nennen.

Ew. Hochwürden,

Meines Hochgeehrtesten Herrn Doctors

gehorsamsten Diener

L. Wilibald,

Phil. D.

XLV. Brief.

Der Herr v. S. an seine Fräulein Schwester.

London den 11 Octobr.

Geliebte Schwester,

Wenn mir auch Engelland kein Vergnügen hätte verschaffen können, so würden mir doch Deine Briefe und der Roman unsres Oncles meinen Aufenthalt hier angenehm gemacht haben. Ich weiß nicht, ob ich bei Besichtigung des Palasts S. James, oder bei Durchblätterung der Briefe, die die Grandisonische Händel, wie Du sie nennest, betreffen, vergnügter gewesen bin. Mein Heinrich hat sie alle heften und abschreiben müssen. Das Original schicke ich in beigefügten Paquet nach deinem Verlangen zurück. Die Abschrift werde ich selbst behalten, um diesen Roman zum Zeitvertreibe auf meine Reisen wieder zu lesen.

sen. Ich bin einigermaßen verlegen darüber, wie wir es anfangen, daß nach meiner Abreiße von London der Briefwechsel des Magister Lamperts mit der Grandisonischen Familie nicht unterbrochen wird. Ich sehe, daß solcher für unsern Oncle von einigem Nutzen ist. Wenn ich meinen Entschluß nicht noch ändere, so werde ich in einem Monath aufs längste von hier über Holland nach Straßburg gehen, und daselbst überwintern; vorher aber will ich noch einmal schreiben, um zu verhüten, daß ich keinen Brief von dir verfehle, welchen ich bei jezigen Umständen schwerlich erhalten würde, wenn er einmal nach London ginge. Wenn es seyn kann, so bemühe dich, unsern Oncle und seinen Sancho zu überreden, daß sie die Briefe an ihre Freunde in Engeland unter einem Umschlage an mich nach Straßburg schicken, ich will ihnen selbst diesen Vorschlag thun und glaube, daß ich alles von ihnen erhalten kann, wenn ich sage, daß es Herr Grandison gutheißet.

Das Fräulein v. W. verdienet bedauert zu werden, daß sie in diese Händel ist verwickelt worden. Wenn ich sie aus ihren Briefen beurtheilen soll; so muß ich ihr einen vorzüglichen Plaz unter dem Frauenzimmer ihrer Gegend einräumen. Ich werde in die Versuchung gerathen, sie meiner Amalie an die Seite zu setzen, wenn ich mehr von ihr lese, und ich muß es gestehen, daß sie mir vor drei Jahren, da ich sie das lezte mal sahe, in ihren besten Putze nicht so reizend vorkam, als durch ihre nachläßige und angenehme Schreibart, die ich in den Briefen an ihre Freundin fand. Ich weiß, daß du nicht eifersüchtig bist über das Lob deiner Juliane, du weist also über diese Stelle keine Auslegungen machen. Der Nachricht, daß sich ihr Heirath mit unserm Oncle völlig zerschlagen hat, sehe ich mit Verlangen entgegen. Es ist nichts weniger als der Eigennuz, der mich antreibt, dieses zu wünschen; ich habe sonst keine Absicht dabei, als mir den Verdruß zu ersparen, dieses gute Fräulein misvergnügt zu sehen. Ich gehöre nicht ihrem eigentlichen verehrern; doch wenn du mich darunter zählen willst, so setze mich in die Klasse derer, die ein gutes Herz verehren, wo sie es finden, ohne dabei weiter zu denken. Ich will mich diesmal in keine ordentliche Beantwortung Deiner zween leztern Briefe einlassen, ich finde dabei nichts mehr zu sagen, als daß du deinen Endzweck bei mir vollkommen erreichet hast, der erstere hat mich über acht Tage lang unruhig gemacht, und den Zweiten erbrach ich in Furcht und Hoffnung. Nun glaube ich es selbsten, daß man eben nicht Unrecht hat, wenn man meine Amalie für ein leichtfertiges Frauenzimmer hält. Wodurch hat denn der Magister Lampert die Ehre verdienet, daß du eine Beleidigung, die ich ihm zugefügt haben soll, an mir gerochen hast? Ich kann es zwar eben nicht, eine Beleidigung nennen; ich weiß aber nicht, was man sonst rächen kann. Der Anfang dieses zweiten Briefs setzte mich in Bestürzung; ich empfand alles dabei, was der Magister kann empfunden haben, da ich ihn mit der Nachricht erschreckte, daß ich in

Engeland keinen Grandison finden könnte. Es fehlte wenig, so hätte ich wie er mein Kleid zerrissen. Du konntest in der That für diese kleine Leichtfertigkeit unter keiner andern Bedingung eine vollkommene Vergebung hoffen, als durch eine getreue und ausführliche Erzählung aller Umstände, die den 16. September in Wilmershausen merkwürdig machten. Ich erwarte mit Ungeduld den Verfolg dieser Begebenheiten, und hoffe daß sie zum Vergnügen des guten Fräuleins v. W. ausschlagen werden. Uebergieb dem Magister einliegende zwei Briefe, du wirst uns bei Gelegenheit melden, was er und unser Oncle zu dem Innhalte derselben sagen. Ich werde es als ein Zeichen deiner Gewogenheit annehmen, wenn du fortfährest, alles was in die Geschichte unsers Grandisons einschlägt mir zu berichten. Wenn es möglich wäre, meine Liebe gegen dich zu vermehren, so würde Dir diese Gefälligkeit einen Zuwachs davon versprechen. Wie vortheilhaft ist es doch, eine Schwester zu besitzen, wie meine Amalie, die mich durch tausend Proben versichert, daß Sie nie aufhören wird zu lieben.

Ihren

dankbaren Bruder.

XLVI. Brief.

Der Herr v. S. an den Magister.

Grandisonhall den 8 Octobr.

Hochgeehrtester Herr Magister,

Sie sind es, dem ich mehr als meinen leiblichen Aelter zu verdanken habe, nicht nur wegen ihres vortrefflichen Unterrichts, den ich vor diesem von Ihnen genossen habe; sondern auch hauptsächlich, daß sie sich die Mühe genommen, mich auf meinen Reisen zu begleiten. Sie haben mich auch für allerlei Versuchungen und Gefährlichkeiten durch diese Begleitung glücklich bewahret

ret. Sie sind mein weiser Mentor, ich bin Ihr Telemac. Ohne Ihren großmüthigen Schutz würde Engelland für mich die Zauberinsel der Calypso gewesen seyn. Sie empfangen hier für Ihre Bemühungen für mein Glück, da ich ietzo im Begriff stehe Brittanien zu verlassen, den verbindlichsten Dank. Hätten Sie mir nicht Gelegenheit gegeben, nach dem Herrn Grandison zu forschen, hätte ich nicht die Ehre gehabt, mit ihm bekannt zu werden: so würde ich den Endzweck meiner Reise größten Theils verfehlet haben, wenn das wunderbarste und sehenswürdigste von Engelland meiner Aufmerksamkeit entgangen wäre. Diese meine Nachläßigkeit würde noch auf eine härtere Art seyn bestraft worden. Wenn nicht in dem Hause des Herrn Baronets immer von Ausübung der strengsten Tugend geprediget würde, und wenn ich nicht hätte befürchten müssen, das geringste Vergehen gegen solche, mit dem Verlust der schätzbaren Freundschaft dieses großen Mannes zu büssen: so würde ich mancher Versuchung nicht haben widerstehen können; wer weiß, ob ich nicht dann und wann untergetaucht hätte, wie der leidige Vetter Eberhard. Er hat oft an mich gesetzt, um mich zu verführen; aber der Baronet hat mich für ihm gewarnet und mir so gute Lehren gegeben, daß es mir eben nicht schwer ankommt seinen Versuchungen zu widerstehen. Nicht mehr als ein einzigmal ist es ihm gelungen, mir das Seil überzuwerfen. Ich will Ihnen doch die Ausschweifung, wozu er mich verleitet hat, erzählen, und wegen eines Scrupels, der mich wegen dieser Vergehung sehr ängstiget, Ihr philosophisches Bedenken ausbitten. Es wird nun ungefehr ein Monat seyn, da ich von Grandisonhall nach London gereiset war, um das sehenswürdige dieser großen Stadt, die mir noch unbekannt waren in Augenschein zu nehmen. Einmal, da ich dem Herrn Reeves einen Besuch abstatten wollte, begegnete mir Herr Eberhard Grandison auf der großen Brücke über die Themse. Er nöthigte mich in seinen Wagen zu steigen und sagte mir, es hätte ihm geglückt heute seiner Frau zu entwischen, und

er

wäre so froh darüber, als ein Volgel, der aus dem Bauer käme. Er bat mich, meinen Vorsatz den Herrn Reeves zu besuchen auf zu geben, und mit ihn nach Covengarden zu fahren, um auf einem Koffehause uns etwas vom Kriege vorschwatzen zu lassen. Ich ließ mir diesen Vorschlag gefallen. So bald wir in den Saal traten, wurden alle Lombre- und Pharotische rege; es waren in einem Augenblicke mehr als ein Dutzend Brüder um meinen Begleiter herum, die ihn alle umarmten und eine Freude von sich spühren liessen, als wenn er von einer weiten Reise in sein Vaterland zurück gekommen wäre. Ich merkte bald, daß ich mich unter seinen Spielern befand, ich that deswegen so gleich einen Schwur bei mir, daß ich heute nicht spielen wollte. Ich brachte also eine von den Regeln in Uebung, die Sie mir einschärften, da ich noch bei Ihnen in die Schule ging: Wenn man Lust hat etwas zu thun, daraus etwas böses entstehen kann; so soll man auf der Stelle sich hoch und theuer verschwören, daß man es nicht thun will. Ich steckte meine

Hand in den Schubsack und hielt meine Börse feste, damit nicht einer von den gefälligen Herrn, die mich alle umarmten, nachdem mein Gefehrte mich ihnen vorgestellet hatte, meine Taschen sondiren möchte. Man nöthigte uns beide unser Glück zu versuchen, zu meinem Vergnügen sagte Herr Grandison, wir würden uns nicht lange aufhalten, und er wäre heute zu phlegmatisch zum Spiele. Inzwischen sah er doch mit einem begierigen Auge bald nach dem Spieltische, bald nach mir, und schien auf einmal ganz niedergeschlagen zu seyn. Weil er nicht spielen wollte, so wollte auch Niemand mehr mit ihn reden. Ein paar mal gab er mit einer nachdenklichen Mine den Pointeurs einen guten Rath, den sie nicht verlangten, er versicherte sie, daß der Bube, der König u. s. w. diesmal unfehlbar gewinnen würde; allein er hatte den Verdruß, daß die Herren die Blätter so gleich zuruck nahmen, wenn er ein gutes Vertrauen dazu hatte. Dieses kränkte den guten Mann aufs ärgste. Endlich that er, was ich schon lange befürchtet

hat,

hatte, er zog mich auf die Seite und fragte mich, ob ich ihm zwanzig Guineen vorstrecken könnte. Ich würde wohl einsehen sagte er, daß seine Ehre Gefahr lief, wenn er nicht ein Blatt setzte und die Kerls gegen sich im Respect erhielt, er hätte nicht geglaubt diese Kompanie hier zu finden, deswegen hätte er sich auch nicht mit Gelde versehen, ich sollte diese Kleinigkeit in einer Stunde mit Danke wieder haben. Mir war bei diesen Antrage nicht wohl zu Muthe, weil er seine Lebensart nicht ändern will; so hat Sir Karl es dahin gebracht, daß er von seiner Frauen Vermögen nicht das geringste angreifen darf; sondern er bekommt von ihr nur alle Woche ein gewisses Taschengeld, das sie nach dem Verhältnis seiner Aufführung gegen sie, entweder erhöhet oder vermindert. Der geringste Widerspruch ist im Stande ihn auf eine oder mehrere Wochen seiner Renten zuberauben. Wer ihm also was borget, der muß sein Geld verlohren schätzen, wenn seine Frau nicht für gut befindet, seine Ehre zu retten und für ihn zu bezahlen. Sein Credit ist dadurch so geschwächt, daß ihm Niemand einen Thaler borget; auch so gar seine Spieler wollen ihm kein Conto mehr geben.

Indessen glaubte ich alle Wohlanständigkeit zubeleidigen, wenn ich ihm diese Gefälligkeit versagte, ich zählte ihn die 20 Guineen zu. Er umarmte mich für diese Ritterzehrung einigemal, ich war bei diesen freundschaftlichen Versicherungen ganz kaltsinnig und zweifelte, ob ich mein Geld jemals wieder zu Gesichte bekommen würde: Er trat hierauf mit einer ernsthaften Mine zum Spieltische, holte fünf Guineen aus der Tasche und sezte sich da, ihm Jedermann mit Ehrerbietung Platz machte, auf dem ihm angebothnen Stuhl. Er fing an unter vielen wohlausgesonnen Flüchen sein Glück zu versuchen. Mir wurde in dieser Gesellschaft Zeit und Weile lang. Ich nahm mir vor zum Zeitvertreibe das Koffeehaus, welches ein ansehnliches Gebäude schien, etwas genauer zu besichtigen. Aber hören Sie, wie ich für diese Neugierde büßen mußte. Ich gehe durch den Hof nach einem feinen Hintergebäude, ein wohlgekleideter Bediente kommt mir da von freien Stücken entgegen und führet mich ohnem ein Verlangen in ein wohlaufgepuztes Zimmer. Er vermuthete, sagte er, daß ich die Dame vom Hause sprechen wollte, ich sollte mich nur ein wenig gedulden, sie würde in einen Augenblicke da seyn. Ich sagte, es würde mir eine Ehre seyn, wenn ich der Madame aufwarten könnte. Ich vermuthete nichts, weniger, als daß ich in den bezauberten Pallast einer berühmten Conversations-Dame von London gerathen wäre. Es vergingen kaum zwei Minuten, so erschien ein Frauenzimmer von mehr als gemeiner Schönheit, eine Circe, die im Stande war, wie ich glaube, einen Joseph zu verführen, und ihn in einen zu allen Ausschweifungen geneigten Jüngling zu verwandeln. Sie sagte mir allerhand Höflichkeiten und ich konnte nichts thun, als Reverenze machen. Sie nahm meinen Besuch als etwas bekanntes an, ich hatte also nicht Ursache über eine Entschuldigung, wegen dieses Eindringens bei ihr, verlegen zu seyn. Endlich entdeckte ich ihr doch durch was für einen Zufall ich hieher wäre gebracht worden, daß meine Absicht gewesen wäre, dieses Gebäude zu besehen, ohne mir einzubilden daß ich darinne eine so schöne Bewohnerin antreffen würde. Ich freuete mich, daß ich nach meiner Meinung etwas artiges vorgebracht hätte; allein die Dame übergieng dieses Kompliment mit einem kaltsinnigen Lächeln.

Nach einigen Minuten nahm ich Abschied, und der Bediente, der mich in das Haus gebracht hatte, führte mich wieder mit vieler Höflichkeit bis an die Thür. Hier aber veränderte er auf einmal seine Sprache, er packte mich ziemlich derb bei dem Beine an, da ich eben im Begriff war das Haus zu verlassen, und schlug die Thür vor mir zu. Sir sagte er, eilen sie nicht so geschwinde, hie bezahlt man erst seine Zeche ehe man fortgehet. Was, sagte ich, meine Zeche? Ich habe der Madame von Hause meine Aufwartung gemacht. Es ist doch hier kein

Gast-

Gasthof? Und wenn es auch einer wäre, so habe ich ja nichts verlangt weder Wein noch Coffee, was soll ich denn bezahlen? Der böse Mensch schlug ein hönisch Gelächter auf: Sie müssen hier unfehlbar fremde seyn, daß Sie nicht wissen, welchen Gesetzen Sie Sich unterworfen haben, da Sie in dieses Haus getreten sind. Haben Sie nicht oben in dem Zimmer eine Tafel gesehen, darauf die Gesetze dieses Hauses geschrieben stehen? Ich beantwortete dieses mit nein. Er nöthigte mich hierauf mit Ungestüm wieder mit ihm hinauf in das Zimmer zu gehen, und wieß mir über der Thür desselben eine Tafel, die ich vorhero nicht bemerket hatte. So viel ich mich davon erinnere, war folgendes mit goldenen Buchstaben darauf geschrieben:

1) Wer die Ehre haben will, die Madame zu sehen, bezahlt einen halben Guinee.

2) Das Vergnügen mit ihr zu sprechen, kostet einen Guinee.

3) Jeder witzige Gedanke den sie vorbringet, wird mit einem Guinee bezahlet.

4) Wein,

4) Wein, Coffee, allerhand Erfrischungen und Confituren bekommt man hier, um den doppelten Preiß.

5) Für die Erlaubniß die Madame das erste mal zu küssen, werden zwei Guineen erlegt, hernach genüßt man dieses Vergnügen unentgeltlich.

So viel stund auf der ersten Seite, der Kerl fragte mich, ob er die Tafel umwenden sollte. Auf der andern Seite, sagte er, stehen stärkere Posten; ich verlangte aber nicht, diese zu sehen. Ich gab ihn einen und einen halben Guinee und wollte fortgehen; er war damit nicht zufrieden. Sie haben noch die dritte Post zu bezahlen, sagte er, hernach können Sie hingehen, wohin Sie wollen. Ich schwor, daß mir die Madame ihren Witz nicht gezeiget hätte, und glaubte, damit durch zu kommen; es half aber nichts. Sie sind noch ein sehr unerfahrner junger Herr, wenn Sie nicht wissen, daß alles witzig ist, was ein artig Frauenzimmer über ja und nein sagt. Ich hatte keine Lust mit dem Flegel zu dispu-

tiren,

tiren; ich hohlte noch eine Guinee aus meiner Tasche und begab mich voll Verdruß wieder zu den Spielen. Warlich! dachte ich, ein kleines Vergnügen für zwei Guineen und einen halben. Ich sahe diesen Verlust als eine gerechte Strafe meiner Verwegenheit an, daß ich mich durch den leidigen Eberhard hatte verführen lassen, einen Ort zu besuchen, der in allerlei Absicht der Jugend gefährlich war. Ich that auf der Stelle eine Gelübde, mich hinführo für aller bösen Gesellschaft zu hüten, und alle Gelegenheit zur Verführung zu meiden.

Da ich mich wieder dem Spieltische des Herrn Eberhards nahete, fand ich ihn in vollkem Glücke, er hatte einen Haufen Geld vor sich, daß ich dafür erstaunte. Er war mit meinen zwanzig Guineen so glücklich, da man das Spiel aufgab, dreißig gewonnen zu haben. Heute wollen wir uns einmal lustig machen, ihr Herren, sagte er, ihr habt mich gewinnen lassen, ich will euch dafür tractiren. Es war schon des Abends um 10 Uhr da der

leidige

leidige Eberhard diesen Einfall hatte. Wir hatten auch schon alle etwas von kalter Küche gespeiset, was konnte er also der Gesellschaft zu gute thun, als daß er sie mit einem Glase Wein bewirthete? Die Spieltische wurden mit Bouteillen besäet, die Deckelgläser begegneten einander so oft, daß um die Zeit des zweiten Hahnengeschreies Jedermann einen derben Rausch hatte. Ich will nur meine Sünde offenherzig gestehen, ich hatte auch einen ziemlichen Hieb. Wir brachten die Nacht so zu. Bei Tages Anbruch ließ der Wirth, ohne unser Verlangen, Coffee auftragen, um seine Gäste zu ermuntern. Um 8 Uhr da sich die meisten heimlich weggenommen hatten, befahl Herr Eberhard, (ich will ihn nicht mehr Grandison nennen, er erniedriget diesen schönen Namen,) um 8 Uhr sage ich, befahl Herr Eberhard, einen Wagen kommen zu lassen. Der Wirth machte die Zeche. Der Sir suchte seine Börse; aber stellen Sie Sich sein Schrecken für, da er sie nicht fand. Sie war weg. Einer von den gefälligen Herren, die ihn so oft umarmten, hatte ihm

Ge-

Gewinnst und Capital entführet. Der Wirth fieng an über die Bestürzung meines Verführers große Augen zu machen, er stützte den Arm trotzig in die Seite, und sahe uns über die Achsel an. Seine Pechmütze, die er vorher bescheiden unter dem Arm trug, klebte den Augenblick auf dem Kopfe, und so viele Höflichkeiten der arme Erberhard ihm erwieß; so wenig konnten diese ihm doch für den Grobheiten dieses ungestümen Mannes schützen. Mit genauer Noth erhielt er es auf vieles Bitten, daß er gegen eine Handschrift weg kam, der Wirth wollte ihn durchaus zum Unterfande für seine Bezahlung bei sich behalten. Unter Weges war er so niedergeschlagen, als wenn er nach dem Tour hätte sollen gebracht werden. Er bereitete sich zu, wie er sagte, zu Hause ein heftiges Ungewitter auszuhalten. Einmal bat er mich inständig, ihm eine Lügen erdenken zu helfen, um dem Zorne seiner Frau auszupariren; ich hatte aber dazu weder Lust noch Geschicklichkeit. Bei meinem Quartiere verließ er mich, und versicherte unter hundert Schwüren daß er nicht lange mein Schuldner bleiben wollte; er ist es aber noch immer. Sehen Sie, werthester Freund, wie leicht die Jugend kann verführet werden, in dergleichen Ausschweifungen würde ich gar oft gefallen seyn, wenn Sie mir nicht in Engelland den Tempel der Tugend, das Haus des vortreflichen Grandisons, zur sichern Zuflucht gegen alle Versuchungen gezeiget hätten. Ich höre nie auf deswegen gegen Sie dankbar zu seyn, und Sie werden meine Dankbegierde außerordentlich vermehren, wenn Sie mir einen Scrupel benehmen, der mich seit der Ausschweifung, wozu mich der leidige Eberhard verleitet hat, heftig ängstiget. ich habe eben den rühmlichen Entschluß gefasset, welchen mein Oncle so glücklich ausführet, Sir Carln nachzuahmen. Wer kann sich dieses Vergnügen versagen, der nicht pöbelhaft denket? Wollte Gott, daß alle Leute diesem großen Muster gleich zu kommen, sich bemüheten! So bald ich diesen Vorsatz gefasset hatte, stellte ich eine genaue Untersuchung meines Lebens an. Ich fand in dem zurückgelegten Theil desselben, dem Himmel sey Dank, nichts, daß ich zu bereuen sonderlich Ursache gefunden hätte. Ich nahm mir vor, von nun an auf den Wegen unsers gemeinschaftlichen Vorbildes und unsers Gönners zu wandeln; allein, welche Abweichung! hätte ich doch nie den unglücklichen Eberhard mit Augen gesehen, wie viele Unruhe würde ich meinem Gemüthe dadurch ersparet haben! Hören Sie nur, wie ich mich selbst anklage. Sir Carl, sage ich zu mir selbsten, hat sich nie einen Rausch getrunken, ich habe mir einen Rausch getrunken: also werde ich nie so vollkommen seyn als mein Urbild. Untersuchen Sie diesen Schluß genau, theurester Freund, Sie haben es weiter in der Vernunftlehre gebracht als ich. Wie sehr wünsche ich, daß ich fasch geschlossen hätte! Ein kleiner Ehrgeiz, den ich bei mir empfinde, macht mich bei meinem Oncle und auf Sie eifersüchtig. Ich weiß, daß Sie es beide in der Nachahmung Sir Carls schon so weit gebracht haben, daß er selbst sein Vergnügen über einen so glücklichen Fortgang nicht verbergen kann, und ich sehe mich nun so weit unter Sie zurückgesetzt. Verlangen Sie nicht, daß ich mich länger bei einer Sache aufhalte, die mich ganz tiefsinnig macht. Wenn Sie mir einen Gefallen erzeigen wollen; so bemühen Sie Sich, einen Fehler in meinem Schlusse aufzusuchen, und überzeugen Sie mich davon aufs eheste.

Sie glauben mir es ohne eine weitläuftige Versicherung auf mein Wort, ich bin davon überzeugt, daß ich den vollkommensten Antheil an Ihrem Ruhme nehme. Wie kann ich es also verschweigen, was man hier zu Ihren Vortheile spricht. Vor einigen Tagen hatte der Herr Baronet eine auserlesene Gesellschaft bei sich, sie wurden dadurch desto merkwürdiger, weil der berühmte Richardson sich darunter befand, der seinen Ruhm, den ihm schon eigne Schriften erworben, durch die Herausgabe der Geschichte des Herrn Grandisons auf den höchsten Gipfel gebracht hat. Man ist immer begierig, außerordentliche Leute von Person kennen zu lernen; ich würde mir ein Vergnügen daraus machen,

ihn

ihn nach dem Leben zu schildern, und von Fuß bis auf die Scheitel zu beschreiben, wenn er nicht diese Mühe mir zu erspahren die Gütigkeit gehabt hätte. Er versprach, mich mit seinem Portrait zu beschenken. Sobald ich dieses erhalte, will ich es meinem Oncle in seine Bildergallerie verehren, wo Sie es zu sehen bekommen werden. Man sieht es diesem Manne an, daß er einen edlen Ehrgeiz besitzt, unsterblich zu seyn. Es scheint, daß er alles würde unternommen haben, um diesen Zweck zu erreichen, und wenn es ihm mit der Feder nicht geglücket hätte; so hätte, wie es scheint, der Degen ihm ein Andenken stiften müssen. Er thut eben nicht stolz auf seinen Ruhm; aber mich dünkt, er läßt keine Gelegenheit vorbei, solchen immer zu erweitern. Die großen Leute sind vermuthlich wie die Reichen gesinnet, jemehr sie haben, je mehr sie sammlen wollen, das Plus vtra ist der Wahlspruch von beiden. Der Baronet wußte bei der Tafel die Unterredung so artig auf meinen Oncle und auf Sie, theurester Freund, zu lenken, daß es gar nicht schien, als wenn er eine Ehre darinne suchte, es der Gesellschaft bekannt zu machen, daß er in Deutschland glückliche Nachahmer seines großen Charakters gefunden hätte. Er machte dem Herrn Richardson ein artig Compliment dadurch, das ihm allein die Ehre zuschrieb, daß er der Welt nicht ganz unbekannt geblieben wäre. Doctor Bartlett erklärte hierauf die Meinung seines Gönners etwas deutlicher, und fieng an, durch Ihr und meines Oncles Beispiel, die Nutzbarkeit der Ausgabe der Geschichte des Herrn Grandisons zu beweisen. Mich dünkt, ich sahe Sie vor mir, da ich den ehrlichen Doktor so disputiren hörte. Sein Vortrag stimmt mit dem Ihrigen aufs genauste überein.

Obgleich Niemand unter der ganzen Gesellschaft daran zweifelte, daß Sir Carls Geschichte in mancherlei Absicht für die Welt nutzbar wäre: so häufte doch doch der Doctor dieses zu beweisen, Schluß auf Schluß, und ich wurde überzeuget, daß es allerdings Mühe kostet, Dinge zu beweisen, die keines Be-

weises

weises bedürfen. Dieser Ehrenmann war so eifrig, daß ihm der Schweiß immer über die Backen lief. Ich dachte mehr als einmal an Sie. Es würde mir viel Mühe kosten, wenn ich nachzählen sollte, wie viel mal Ihr und meines Oncles Name rühmlich genennet wurde; so viel ist gewiß, daß ich mir nichts geringes darauf zu gute that, da ich es der ganzen Gesellschaft offenbaren konnte, daß ich die Ehre Ihres Unterrichts genossen hätte, und ein Anverwandter von dem Herrn v. N. wäre. Herr Richardson machte mir hierbei eine tiefe Verbeugung. Er saß die übrige Zeit bei der Tafel beständig in Gedanken, und grübelte mit der Gabel auf dem Teller. Ich glaubte er sönne auf eine Anlage zu einer neuen Pamela. Beim Thee entdeckte ich endlich die Ursache seiner Tiefsinnigkeit. Er bat mich innständig, ihm die Briefe, die die vortreflichen Unternehmungen meines Herrn Oncles und seines klugen Freundes dem Herrn Grandison nachzueifern, enthielten, mitzutheilen. Ich besaß nicht Herzhaftigkeit genug, diesem berühmten Manne etwas abzuschlagen; ehe ich also die Sache genau überlegen konnte, that ich das übereilte Versprechen, ihm diese Briefe auszuhändigen, wenn ich die Erlaubniß dazu von meinem Oncle erhalten hätte. Ich ärgerte mich abscheulich über mein voreiliges Versprechen, da ich Zeit gewann, diese Sache reiflicher zu überlegen. Herr Richardson schien über meine Gutwilligkeit außerordentlich vergnügt; er legte sein aristotelisches Gesichte wieder ab, und gab sich das Ansehen eines muntern Hofmannes. Hieraus konnte ich leicht muthmaßen, daß er sich schon mit der angenehmen Hoffnung schmeichelte, seinen Ruhm durch die Bekanntmachung einer Sammlung von Briefen, die der Grandisonischen nichts nachgiebt, noch mehr zusteigern. Dieser Gedanke machte meinen Ehrgeiz rege. Ich bin mir selbst der nächste, dachte ich, Niemand würde etwas von einem Richardson wissen, wenn er sich nicht durch eigene Schriften bekannt und durch fremde berühmt gemacht hätte. Ich will mit einem Hiebe zwei Streiche thun. Einen Roman zu schreiben, das ist meine Sache

nicht,

nicht, ich will die Geschichte meines Oncles ins Französische übersetzen, ich will sie in Straßburg drucken lassen, und dadurch auf einmal bekannt und berühmt werden. Bitten Sie Ihren Principal, daß er mir zu diesem rühmlichen Vorhaben seine Erlaubnis ertheilet, wenn ich diese erhalte; so werde ich Engelland mit Vergnügen verlassen, und Straßburg als die holde Mutter meines zukünftigen Ruhms betrachten. Mein Brief wird länger, als ich im Anfang dachte. Ich würde hier schließen, wenn ich befürchtete, Sie zu ermüden; allein ich habe Ihnen noch ein Wort zu sagen, darüber Sie vielleicht nicht misvergnügt seyn werden.

Neulich hat mich der Doctor Bartlett nebst dem jungen Grandison und seinem Hofmeister zu sich, der Baronet und seine Gemahlin waren eben nach Schirleimanor verreißt. Seine Wohnung war aufs beste ausgeschmückt, jedermann war darinne geschäftig. Der Doctor ging mit gravitätischen Schritten in seiner mit Spitzen bebrämten

Thurmmütze Trepp auf, Trepp nieder, und hatte auf sein geschäftiges Gesinde ein wachsames Auge. Wir speißten in seiner Gaststube. Weil ich glaubte, daß er sich meinetwegen in solche Unkosten gesteckt hätte; so sann ich schon bei dem ersten Gerichte auf ein Entschuldigungscompliment, daß ich ihm wider Vermuthen so viele Ungelegenheit verursachen sollte; allein ich hatte nicht nöthig dieses anzubringen. Bei dem ersten Becher Wein, der herum gegeben wurde, und der eben so wohl als die übrigen nebst dem Flaschen und Kelchgläsern mit Epheu und Blumenkränzen gezieret war, wurde ich meines Irrthums inne. Der Doctor nahm einen Becher in die Hand, und nachdem er sich von seinem Stuhle erhoben, hielt er diese Anrede an uns: Geliebtesten Freunde, Sie werden sich ohne Zweifel wundern, daß ich heute, da ich mir die Ehre Ihrer Gesellschaft erbethen habe, wider meine Gewohnheit verschwenderisch in Anschaffung der Speise und des Trankes gewesen scheine. Sie sehen diese Tafel mit so vielen Gerichten besetzt, daß solche hinreireichend seyn würden, alle Innwohner dieses ganzen Dorfes reichlich davon zu sättigen. Jener Schenktisch zeiget Ihnen einen Vorrath von Weinflaschen, welche von uns kaum in vier Wochen würden können ausgeleeret werden. Tadeln Sie mich nicht wegen einer scheinbaren Ueppigkeit, ehe sie das, was ich zu meiner Rechtfertigung sagen werde, vernommen haben. Der heutige Tag ist in dem neuen Calender mit einem so vortreffli- Namen bezeichnet, daß ich glaubte, ein Recht zu haben, mir denselben zu einem Festtage zu machen. Lampertus, was für ein nachdrückliches, was für ein schätzbares Wort ist dieses mir, das mich an einen gelehrten, an einen vollkommenen Freund erinnert. Der 17 September wird mir hinführo allemal ein Tag der Freude seyn, wie der Geburtstag meines Gönners und seiner vortreflichen Gemahlin. Rechtfertigen Sie, hochansehnliche Gesellschaft, meinen Eifer, den Namenstag eines verdienstvollen Mannes, mit dem ich durch das Band der Freundschaft aufs engste verbunden bin, feierlich zu begehen. Es ist

nicht

nicht die Ehre, Sie bei mir zu bedienen, es ist das Vergnügen, einen Tag zu feiern, der mit meinem Freunde einerlei Namen führet, dadurch ich bin angetrieben worden, eine halbjährige Besoldung aufzuopfern, um durch diese äußerlichen Zeichen, welche Sie hier vor sich sehen und genüßen, meine Hochachtung gegen einen berühmten Ausländer an den Tag legen zu können. Lassen Sie uns von dem Guten, das wir hier haben, so viel zu uns nehmen, als zureichen wird, unsern Hunger und Durst zu stillen; alsdenn helfen Sie mir die übrigen Brocken den Armen, die sich vor meiner Thür versammlen werden, austheilen, daß sie dadurch ihr Herz laben und erquicken. Anjetzo aber vereinigen Sie ihren Wunsch mit dem meinigen: Es lebe der Herr Lampertus Wilibald! Wir stießen alle mit den Gläsern zusammen. Ich habe eben vergessen zu melden, daß einige von den Herren Vicinis des Doctors gegenwärtig waren. Die ganze Gesellschaft bestund aus zwölf Köpfen. Da ich meinen Hunger gestillet hatte, bekam ich Zeit, besonders da die Herren Pa-

stores

stores einen armen Ketzer aus dem Alterthume mißhandelten, die artige Einrichtung des Doctors bei der Tafel wahrzunehmen. Im Anfange wunderte ich mich, daß die Tische, woran wir speißten, so gestellet waren, daß sie die Figur eines Winkelhakens bekamen, ohne daß es die Gelegenheit des Zimmers zu erfodern schien; nun aber sahe ich ein, daß wir an einer figurirten Tafel speißten, und daß diese ein lateinisches L vorstellte. Der Doctor hatte auch sogar von dem Conditor des Baronets ein artiges Desert verfertigen lassen; die Vorstellung davon ist mir entfallen. So viel weiß ich, daß ich etwas, das Ihrem Wappen ähnlich sahe, darauf entdeckte. Der Doctor sagte, es wäre dieses Wappen von einem Briefsiegel genommen, daher kam es auch, daß es nicht eben gar zu genau mit dem Original überein stimmte. Der Conditor hatte aus Unverstand die zwei Sphinxe in zwei gekrönte Löwen, und die Schlange, welche in ihren Schwanz beißt, dieses alte hieroglyphische Bild der Aegypter in eine Bretzel verwandelt.

Da wir nach Tische den Thee getrunken hatten, mußte der Schulmeister anfangen zu läuten, dieses war das Signal, daß sich die Armen vor dem Hause des Doctors nun versammlen sollten. In wenig Minuten wimmelte der Pfarrhof von Leuten. Sie mußten sich auf Befehl des Doctors in drei Reihen stellen, und nachdem er sie Mann für Mann besehen hatte, mußten alle Gäste die Ausspendung der Wohlthaten des Doctors über sich nehmen. Es bekam jedes von diesen Armen ein Groschenbrod, welches mit einem lateinischen L gezeichnet war, ein Stück Braten und einen Becher Wein. Ihre Gesundheit wurde hier unter freiem Himmel über hundertmal von Gichtbrüchigen, Lahmen und Blinden getrunken. Ihr Name wurde also bei dieser Gelegenheit wieder vielen Leuten bekannt gemacht, und zwar auf eine solche Art, die im Stande ist, Ihr Andenken lange in Segen zu erhalten. Leben Sie wohl, berühmter Freund. Ich will hier geschwinde schließen, um Ihnen Zeit zu lassen, über so schöne Aussichten in Ansehung Ihres Ruhms sich zu vergnügen. Für dieses mal leben Sie wohl.

XLVII. Brief.

Der Doctor Bartlett an den Magister.

Grandisonhall den 7 Oct.

Hochgeehrtester Herr Magister,

Wie gerne erfülle ich doch die Befehle meines Gönners, wenn er mir den Auftrag thut, Ihren Herrn Principal sowohl, als Sie selbsten, von seiner Hochachtung und Ergebenheit zu versichern. Er wünschet aufrichtig, mehr als eine schriftliche Versicherung seiner Freundschaft dem Herrn von N. geben zu können: allein jetzo siehet er sich in die verdrüßliche Nothwendigkeit versetzt, solche durch mich nochmals schriftlich wiederholen zu lassen; da alle Hoffnung verlohren ist, solches auf eine nachdrücklichere Art zu thun. Ihr Herr Principal hat vor einiger Zeit die Bittschrift seiner Unterthanen an meinen Gönner mit einem Erzählungsschreiben zu begleiten die Güte gehabt. Sir Carl bezeigte uns sein empfindliches Mitleiden über die unglücklichen Schicksale,

sale, welche seit einem Jahrhundert und drüber, das ihm zugehörige Dorf Kargfeld betroffen haben. Er bedauerte hauptsächlich, daß das Absterben der verehrungswürdigen Frau Shirlei zufälliger Weise zu einem neuen Unglücke Gelegenheit gegeben. Wenn ihn nicht schon seine Menschenliebe geneigt gemacht hätte, die Bitte dieser Gemeinde zu erfüllen; so würde doch die Hochachtung gegen seinen Freund, den Herrn v. N., und die Pflicht gegen die fromme Mutter seiner Gemahlin ihn hierzu angetrieben haben. Er bemühte sich dahero aus allen Kräften, es dahin zu bringen, daß eine Collecte für die Kirche in Kargfeld durch ganz Brittanien möchte ausgeschrieben werden; allein die Sache war zu wichtig, als daß man sie ohne Gutheißung des Parlaments zur Ausführung hätte bringen können. Aus dieser Ursache begab sich der Herr Baronet selbsten nach Londen, und besprach sich von dieser Angelegenheit mit vielen seiner Herren Kollegen, mit vielen Gliedern des Unterhauses. Er war so glücklich, keine geringe Anzahl derselben auf seine Seite zu bringen. Die Sache wur- so gut eingeleitet, daß man an einem glück- en Erfolg nicht zweifelte. Am 11 Sept. rde der Bill wegen Einsammlung dieser llecte durch ganz Brittannien für die Kir- zu Kargfeld zum ersten male gelesen, und zirte ohne Widerrede. Den 13. Sept. er zum andern male gelesen wurde, setzte deswegen heftige Streitigkeiten. Die Ge- üther wurden gegen einander erhitzt, und Sitzung dauerte bis Abends um 9 Uhr. 18. da man ihn zum letzenmale las, wur- die Einsammlung dieser Collecte mit 284 timmen gegen 113. verworfen. Herr andison war an diesem Tage in dem Un- hause, davon er ein Glied ist, und that al- , die Verwerfung dieses Bills zu hinter- iben; allein diesmal liefen seine Bemühun- fruchtlos ab.

Ich gab ihm hierauf den Rath, auf seine ene Kosten eine mäßige Glocke gießen zu sen, und solche der Gemeinde in Kargfeld verehren. Er folgte meinem Rathe, und war so eilfertig, dieses gute Werk auszuführen, daß solche schon am 27. September eingeschiffet wurde. Aber wenn Unglück seyn soll; so muß sich alles fügen. Aus Vorsicht war diese Glocke in ein Schlagfaß eingepackt; allein ein vortheilsüchtiger Zollbedienter ließ dieses Schlagfaß mit Gewalt öffnen, und da er eine Glocke darinnen erblickte, erklärte er solche alsbald für Contreband, Sie war verfallen. Ich hatte selbst den Schmerz, sie in Londen in die Stückgießerei bringen zu sehen. Es soll eine sechzehnpfündige Kanone daraus gegossen werden, welche den Namen der Glocke von Kargfeld beibehalten, und vielleicht in der ersten Belagerung einer Vestung sich berühmt machen wird. Sehen Sie, geliebtester Freund, daß es also keineswegs an meinem Gönner lieget, wenn er den Eifer, seinen Freunden in Deutschland Gefälligkeiten zu erzeigen, nicht, wie er wünschet, thätig erweisen kann. Erwarten Sie nebst mir einen günstigern Augenblick, der vielleicht alles das zur Wirklichkeit bringet, was jetzo nur noch bloße Wünsche sind.

ie haben mir in Dero letztern Briefe den
nglücklichen Bornseil empfohlen. Wie nahe
ht es mir, daß ich auch in Ansehung seiner,
ichts anders als gute Wünsche thun kann.
ich wollte, daß er hier wäre, ich wünschte,
aß er nur etwas von dem Ueberflusse der
Pachter Sir Carls genüßen könnte, und ich
in versichert, daß er vollkommen zufrieden
eyn würde. Mit gutem Gewissen kann ich
den ehrlichen Mann nicht rathen, eine Reise
nach England zu unternehmen. Gesetzt, daß
er der stürmischen See und den Kaperschiffen, welche um unsre Insel herum schwärmen, entginge; wie schwer würde es ihm werden, in unsern Häfen sich für größern Gefährlichkeiten zu hüten. Die Matrosenpressung wird jetzo hier mit aller Macht getrieben; wenn dieser gute Mann einem unbarmherzigen Werber in die Hände fiel; so würde er ohne Rettung verlohren seyn. Würde er nicht hernach Ursache haben, mit Rechte so wohl über Sie, als mich, seine Klaglieder anzustimmen? Mein Gönner ist der Meinung, er sollte die Regel des weisen Sittenlehrers

beobachten, in seinem Vaterlande bleiben, und sich ehrlich nähren; so würde das alte Schprichwort von ihm erfüllet werden: artem quaevis alit terra. Meine Geschäfte wollen mir das Vergnügen nicht länger erlauben, mich mit ihnen zu unterreden. Ich kann meinem Briefe nichts weiter beifügen, als eine Bitte, meinen Gönner und die Seinigen, wozu ich auch gehöre, dem Herrn von N. bestens zu empfehlen; sich aber selbst zu versichern, daß ich mir jederzeit ein außerordentliches Vergnügen daraus machen werde, mit der vollkommensten Aufrichtigkeit zu seyn,

Meines Hochgeehrtesten Herrn
Magisters

ergebenster Diener und
Vorbitter,

Ambrosius Bartlett. D.

❀ ❀ ❀